倾听绽放的声音

寻找特殊学校特色发展之路

姚生平　冯伟君　巫民强 / 主编

中国文联出版社

图书在版编目（CIP）数据

倾听绽放的声音：寻找特殊学校特色发展之路 / 姚
生平，冯伟君，巫民强主编. — 北京：中国文联出版社，
2023.7

ISBN 978-7-5190-5263-8

Ⅰ. ①倾… Ⅱ. ①姚… ②冯… ③巫… Ⅲ. ①特殊教
育—教育研究—文集 Ⅳ. ①G76-53

中国国家版本馆CIP数据核字（2023）第133967号

主　　编　姚生平　冯伟君　巫民强
责任编辑　刘　旭
责任校对　秀点校对
装帧设计　刘贝贝　李　娜

出版发行　中国文联出版社有限公司
社　　址　北京市朝阳区农展馆南里10号　　邮编　100125
电　　话　010-85923025（发行部）　010-85923091（总编室）
经　　销　全国新华书店等
印　　刷　北京四海锦诚印刷技术有限公司

开　　本　710毫米×1000毫米　　1/16
印　　张　16.75
字　　数　255千字
版　　次　2023年7月第1版第1次印刷
定　　价　58.00元

编 委 会

走在特色发展的路上

——梅州市特殊教育学校纪录片解说词（2020年）

他（学生）想创造世界上最美的事物，他种下一颗梦的种子，决定和它一起成长。

她（老师）能发现每一个孩子的每一处变化，她熟悉200多张学生的面孔。

他（校长）要建设一所与众不同的学校，在此之前已有同行者与他一样，耗费毕生心血。

他们，每一次向前奔跑，似乎离自己的梦想更近了一点，有千万个小的梦想，却注目脚下，走出每条属于他们的路。

风雨变迁，初心如昨，风雨峥嵘。将历史的眼眸回顾到1988年建校之初，学校先驱们在市教育局领导下，在曾新祥同志带领下开荒辟地，从无到有，创办了梅州市首个特殊教育学校——"梅州市盲童学校"。开办之初学校只招收粤东地区的视障儿童。1995年，为解决梅州市听障学生教育问题，学校增办了听障教育，也因此更名为"梅州市盲聋哑学校"。2005年，为体现对残疾学生的人文关怀和发展需要，学校正式更名为"梅州市特殊教育学校"。"冀以尘雾之微补益山海，萤烛末光增辉日月。"建校初期受当时社会经济发展限制，办学条件艰苦，但老一辈特教人始终坚守着，奉献着，无

1

怨无悔地投身于特殊教育事业中，只为给特殊孩子们一所属于自己的学校。

学校两度更名，几经拆建，从1栋教学楼、4位老师、8名学生，到如今总建筑面积达9000多平方米，19个教学班200多名学生，76位教职工。昔日破旧简陋的学校早已消失在历史长河之中，崭新的教学大楼屹立眼前。生机盎然的校园、完备的教学设施、敞亮的教室、爱岗敬业不断探索的老师和德智体美劳全面发展的学生构成了如今的校园景色。无论是关怀备至的心理解压，还是日常起居的洗衣叠被，历届党政领导的关怀和学校一代代特教人的坚实脚步凝聚成学校今天的发展。

守正求新，知行并进

顺天致性，乐学善研，学校将面向全体学生与尊重个性相结合，打实基础与引领创新结合，学校以九年义务教育为主，强化高中教育，突出特色办学，开设了美术、手工、书法、器乐、声乐、舞蹈、计算机、体育等文体艺术选修课程，每天下午两节课时保障训练。

校长："让我们的特殊孩子将来过上更体面的生活，是我们学校的总体办学思路。"

一撇一捺，古韵落笔入木三分；一笔一画，笔底生辉斑斓多彩；一传一习，工匠意趣修为雅正；一唱一弹，行云流水余音袅袅。悠扬的旋律透着少年的儒雅与自信，一步一个脚印和学生们一起欣赏成长路上的每一道风景。学校针对听障学生美术基础好的特点，于2014年下半年开设职业教育陶画专业班，与市陶瓷协会联合办学，引进两位经验丰富的陶画师傅充实师资队伍，建立陶画室，每天设置两节课进行陶画学习、创作；经常组织陶画班学生到大埔陶瓷企业实训；2018年组织陶画班学生到江西景德镇陶瓷企业进行大瓷瓶创作。学校学生先后在省市级绘画、陶瓷、运动会等各类比赛中大放异彩，多次荣获奖牌。鲲鹏展翅正此时，扶摇直上九万里。近年来陶画班学生或升上美术院校深造，或成为陶瓷企业陶画技术工人，"让特殊学生将来能更体面地生活"的教学目标，正在实现。

栉风沐雨，砥砺行春

海纳百川，名师荟萃，一位位特教耕耘者齐聚于此，秉持"工匠精神"，扎根一线，把自己的温暖和情感倾注到每一个学生身上，用欣赏增强学生的信心，用信任树立学生的自尊，让每一个学生都能健康成长，让每一个学生都能享受成功的喜悦。放眼未来，学校不断从各个高校吸纳优秀的人才充实教师队伍，涌现出一批爱教、乐教、善教的全国特教园丁、省特级教师、南粤优秀教师、省优秀文艺工作者、中小学高级教师，其中2020年广东省最美教师洪向兵，作为听障人士，她14年如一日的坚持让梅州山区40多个聋哑孩子圆了大学梦。

春华秋实，相辅而行

旭日喷薄，岁月渐远，30年的沉淀，这里承载了太多精彩，学校老师秉持"为每个学生的终身幸福奠基"的理念，披星戴月固守三尺讲台，呕心沥血汗洒一方热土。讲坛上的无私奉献，写就了学校业绩的辉煌。学校先后被评为"全国特殊艺术人才培养基地""省扶残助残先进集体""省热爱儿童先进集体""省中小学普及普通话先进单位""省安全文明校园""市三八红旗集体""市助残先进集体"。从筚路蓝缕艰难起步到第一批学子成功升学到如今的硕果累累，润物无声，四海桃李芬芳。学校毕业的视听障学生除升入高一级学府外，都先后就业于珠三角各大城市或在本地自食其力，其中有52名初中毕业生考进广东省盲人按摩培训中心学习，毕业后成为职业按摩师。自2009年以来，已有31名听障学生考入广州大学市政技术学院大专。2013年以来，已有32名听障学生分别考入北京联合大学、吉林长春大学、天津理工大学、西安美术学院等本科院校。其中视障学生陈伟坚同学于2003年考进吉林长春大学钢琴调音本科专业学习；2010年，视障学生吕文龙同学考进吉林长春大学特殊教育学院按摩针灸本科专业学习；2019年，杨柚同学考入滨州医学院本科，成为首个由梅州市特殊教育学校盲生部直接考入本科的学生；2018年，谢嘉兴同学考上西安美术学院，成为广东省考上专业美术院校的第一个聋生；2017年考上吉林长春大学的邓喜洋同学，2021年民族绘画专业考研成功，成为广东省第一个聋人研究生。

学校日复一日的坚守，为特殊孩子们日后生活打下了坚实的基础。如今区残联、特殊教育学校、启能学校、百货公司、文化传播公司等事企单位都闪耀着梅州特校学子的身影，"让每一个学生都能体面生活"的教学目标正在实现。

30载的自强不息、开拓创新，梅州市特殊教育学校始终以奋进者的姿态，埋头于特殊教育这片沃土，初心不改，耕耘不辍，用悠扬的乐曲、五彩的画笔、可塑的陶泥，牵手孩子成长的渴望。如今烘焙专业已经开始步入正轨，未来梅州特校将一直秉承"让每个学生都能体面生活"的教学目标，根据学生的实际情况，开设更多适合的特色的专业课程，让每个孩子都能有所获，有所长，有所乐，有所成。

"东方欲晓，莫道君行早，踏遍青山人未老。"在心慕远方的长歌里，在生本逐梦的秉志前行中，与时代同步，为祖国铸魂。

前言

　　梅州市姚生平名校长工作室是梅州市教育局审批和授牌成立的首届名校长工作室。工作室秉持"引领成长、实现共赢"理念，致力于发挥示范、引领、辐射作用，以活动为载体，以发展校长专业能力为核心，通过开展理论学习、办学研讨、学习观摩、网络研修、专家引领、现场指导等教育理论实践活动，努力培养一批办学理念先进、特教情怀深厚、管理能力突出、个性风格鲜明的优秀校长人才队伍，促进全市特殊教育学校更好、更快发展。

　　三年来，工作室打造了12个入室学员和50个网络学员组成的学习成长共同体，积极开展"线上+线下"研修活动。在线上，利用梅州市教育资源公共服务平台建立了工作室网络空间，同时建立了微信公众号、微信群等宣传媒介，开展网络研修和学习交流；在线下，通过特教管理理论学习探讨、课题研究、观摩学习交流、专家讲座、参加各类比赛、学校问题现场诊断等活动，提升管理水平，提炼办学思想，丰富办学内涵，促进工作室学员迅速成长。

　　做好"特"字文章。教育对象的特殊性决定了教育理念、教育目标、教育设备设施、教学方法策略、教育成效等方面的特殊化。学校办学必须着眼视障、听障、智障等特殊儿童不同的教育需要，因生制宜，因生施策，因生施教，让量身定制的教育活动帮助特殊需要儿童取得最大发展。于是，在梅州特殊教育的园地里，发展视障学生器乐声乐能力、听障学生美术工艺能力的艺术特色教育，发展听障学生陶画、烘焙、美甲技能的职业教育，发展智障学生综合能力的个别化教育应运而生，蓬勃发展。特色发展的办学方向，特色成才的培养模式，特色活动的有效激励，让残缺的花儿绽放出别样的绚烂。

　　春华秋实不负耕耘。会集工作室学员和学校老师们的理论实践成果——《倾听绽放的声音————寻找特殊学校特色发展之路》出版了。本书在结构上由"规划建设"篇、"实践探索"篇和"科研成果"篇三大部分组成：介绍工作室建设的经验做法；记录工作室引领学员们"赴粤西北特校寻经问道""跟随谌小猛、吴永怡老师追寻特教前沿""在全市特殊教育教师说课评比活动出彩展示"等理论实践探索的一串串坚实脚步；展示工作室学员们孜孜求索出的一个个教育教学论文成果。果子虽然青涩，意在抛砖引玉，希望对特教同仁们有所裨益。

　　道阻且长，行则将至。特殊教育是伟大而光荣的事业！这里没有亮眼的成绩，没有醉人的掌声和鲜花，有的是博爱奉献和专业化付出。我们梅州特教一班人将在党和政府的领导下，在社会各界的支持下，开拓创新，利用好工作室研修交流展示平台，聚变梅州特殊教育力量，不断推动梅州特殊教育向前发展。

　　限于作者经验和认知，本书难免存在不足和待完善之处，希望得到广大读者、同行批评指正。谢谢大家！

姚生平

2022年10月16日

目 录

第一章 规划建设

第二章 实践探索

第三章 科研成果

第一章

规划建设

第一节　工作室团队建设概况

　　梅州市姚生平名校长工作室是梅州市教育局审批和授牌成立的首届名校长工作室，于2020年9月在梅州市特殊教育学校挂牌成立。工作室以《梅州市中小学名教师、名校（园）长工作室工作指南》为指导，以名校长工作室活动为载体，以校长专业能力建设为核心，以中青年骨干校长（副校长）培养培训为重点，通过开展系列行之有效的理论学习、办学研讨、学习观摩、网络研修，专家引领、现场指导等教育理论和实践活动，促进中青年骨干校长（副校长）专业成长。工作室以3年为培养周期，培养12名入室学员，同时通过网络学习空间培养50名网络学员。工作室致力于发挥示范、引领、辐射作用，努力打造以名校长为核心的高层次人才队伍，促进梅州市特殊教育学校办学更好、更快、可持续发展。

一、工作室logo

　　工作室logo整体外形由绿色圆形边框组成，上半部分为工作室名称，下半部分为工作室拼音字母。图案边框没有完全封闭，意为工作室开拓创新、不断进取。"太阳"代表着工作室光明的未来和工作室的辐射、引领作用；中间"红心"代表工作室在特殊教育方面的特质，下面红色道路代表学员们在工作室引领下勇于践行，锐意进

图1-1-1

取。"2020"代表工作室创办时间。

二、工作室团队

主持人：姚生平，原梅州市特殊教育学校校长，党支部书记，高级教师，梅州市教育督学，梅州市残疾人教育专家委员会委员。荣获"广东省扶残助残先进个人""广东省优秀文艺工作者""梅州市精神文明建设先进工作者""叶剑英基金优秀校长奖""梅州市支持少先队工作好校长"等称号。他出版25万字个人曲艺诗文集一部，文学合集一部，他的文学、音乐、书法作品荣获国家、省、市（县）各级各类比赛奖项共60多项，主持或参与省、市级课题多项。他指导的文艺作品在省、市残疾人文艺会演、省特教学校文艺会演和省盲人声乐器乐大赛上屡获大奖。他的教育追求是：授人以渔，让残疾学生将来过上更体面的生活。

指导专家：刘应成，中共党员，研究生学历，梅州市教学研究室教研员，中学数学正高级教师，全国高等教育师范类专业评估认证专家，省督学，省教研联盟成员，省教育学会、教育督导学会会员，省特级教师和南粤优秀教师。从教40年，主持或参与国家、省、市课题11项；获国家级、省级、市级成果奖一、二、三等奖10项；出版专著1部、发表论文17篇、主编2本论文集，撰写226万字教学参考资料在广东教育出版社等出版；开展多样化教研，注重教学、教研"传帮带"，先后指导18位教师参加全国、省级比赛并取得一、二等奖。

技术专家：李俊庭，中共党员，本科学历，小学数学高级教师，梅州市特殊教育学校办公室主任。曾获得"全国特教园丁奖""梅州市优秀教育工作者""梅州市优秀少先队辅导员""学校优秀教育工作者"等称号。曾主持省级科研课题1项，2018年参加"广东省特殊教育冯伟君名教师工作室"入室学员培训学习并被评为优秀学员；2020年被梅州市教育局聘请为"梅州市首届名教师、名校长工作室"指导专家。

助手：巫民强，本科学历，梅州市特殊教育学校办公室副主任，小学语文一级教师，梅州市优秀德育工作者。近年来，他积极参与教研工作，主持市级科研课题1项，撰写多篇教学论文荣获国家级、省级、市级奖励。他的教育追求是：特殊孩子发展的需要就是特殊教育工作者努力的方向。

助手：洪金祥，中共党员，本科学历，心理健康一级教师，国家二级心理咨询师。现任平远县特殊教育学校德育处主任、工会副主席，曾获平远县优秀教师称号；主持1项国家级青年课题，近三年作为骨干成员参加了3个以上省、市级课题，在《新课程》《新智慧》等教育刊物发表多篇论文；在培智教育模式构建特殊群体心理支持方面有丰富的一线经验。他的教育追求是：爱心是甘露，专业是养分；同心共筑梦，静候花自开。

入室学员：

（1）肖晓利　女　平远县教育局　教研员

（2）丘玉华　男　平远县特殊教育学校　校长

（3）邹　峰　男　梅江区特殊教育学校　校长

（4）李巧玲　女　兴宁市特殊教育学校　校长

（5）黄　芳　女　梅县区特殊教育学校　校长

（6）郭相立　男　大埔县特殊教育学校　校长

（7）曾　苑　女　梅州市特殊教育学校　副校长

（8）冯庆锋　男　丰顺县特殊教育学校　副校长

（9）杨炜良　男　梅州市特殊教育学校　总务处任

（10）杨剑平　男　梅州市特殊教育学校　教导主任

（11）戴标红　女　蕉岭县特殊教育学校　教导主任

（12）周文涛　男　五华县特殊教育学校　总务副主任

网络学员50人。

第二节　工作室三年发展规划

一、指导思想

根据《梅州市中小学名教师、名校（园）长工作室工作指南》，本工作室以校长的办学实践为主线，以校长的自主研修为基础，以建立校长学习共同体、促进提升管理水平、提炼办学思想、丰富自身内涵，努力成为专家型校长为目标，以校长工作室活动为载体，紧紧围绕"天下特教一家亲，全市特校一盘棋"的工作思路，充分发挥工作室成员间的团结合作精神，通过特教管理理论探讨与访学实践研究，形成一支具有特殊教育前瞻办学理念、较强研究和管理能力的专家型校长队伍，致力于将名校长工作室所属成员单位打造成具有鲜明区域特色、引领山区特殊教育发展的领跑者。

二、工作室理念

以"引领成长、实现共赢"的理念，着力提升校长领导力，培养一批办学理念先进、特教情怀深厚、管理能力突出、个性风格鲜明的优秀校长，推动山区特殊教育特色发展。

三、工作室目标

（一）总体目标

以校长（副校长）专业能力建设为核心，以中青年骨干校长（副校长）培养培训为重点，以"名校长工作室"为载体，充分发挥名校长学校管理、特色办学的示范、指导、辐射作用，打造以名校长为核心的高层次领导型人才队伍，通过整合资源、强化管理、团队培养、整体提升，努力建设一支梅州地区师德高尚、业务精湛、配置合理、充满活力的名校长队伍，从而促进梅州市特殊教育工作更好、更快、可持续地发展，为办人民满意的特殊教育做贡献。

（二）具体目标任务清单

表1-2-1

1	制订工作室三年工作规划
2	建立工作室学员成长档案
3	制定学员周期培养目标和任务
4	建立工作室工作制度
5	年度工作计划和总结
6	做好各项研修活动的考勤记录
7	每年通过跟岗实践、交流研讨、课题指导、学校管理诊断等方式组织入室学员集中研讨培训不少于10天
8	承担有关学校管理、校（园）长培养培训的课题研究
9	周期内完成学校管理创新与教育教学改革的研究报告不少于1篇
10	公开发表1篇及以上研究论文
11	主持举办1次及以上县（市、区）级以上的校长发展专题论坛
12	入室学员每年汇报学校管理改革或办学能力提升计划落实情况不少于1次
13	完成1个及以上学校管理改革或办学水平提升案例
14	加强名校（园）工作室之间的交流协作。积极组织、聚集优秀校（园）长集中研讨，共同进步；积极参与各单位开展的培训活动
15	工作室每年承担培养培训授课、送培到校等相关任务不少于5次；适当承担市级以上培训高端研修项目跟岗学习任务
16	建立网上工作室，开展网上协同研修。每个名校（园）长工作室每周期网络学员数不少于50人。创建工作室网络研修平台，依托梅州市教育资源公共服务平台搭建，开展主题论坛、在线交流、理论学习等线上研修活动
17	工作室每年组织的线上研修活动不少于5次；每次不得少于30分钟；每位网络学员须至少提交1份不少于500字的学习心得体会

续 表

18	每年通过工作室网络空间分享的学校管理经验、活动成果和工作动态等生成性资源不少于200条
19	工作室每年至少组织工作室成员开展1次学校问题现场诊断活动，指导1个学校完成教育理想凝练、学校管理能力提升或办学特色打造任务
20	周期内至少与2所乡村学校或薄弱学校、山区教育扶贫学校结成帮扶对子，引领和推动梅州市中小学办学治校水平的整体提升

四、具体措施

（一）体系架构

工作室室训：引领成长、实现共赢。

工作室根据工作需要对各位成员具体分工如下：

主持人：姚生平　统筹指导工作室全面工作。

技术专家：李俊庭　负责网络、公众号等方面相关工作。

工作室助手：巫民强、洪金祥　负责工作室文件资料和活动组织协调、后勤保障等工作。

入室成员：肖晓利、曾苑、杨剑平、杨炜良、李巧玲、冯庆锋、丘玉华、黄芳、邹峰、戴标红、周文涛、郭相立在主持人领导下完成周期目标任务清单。

备注：各位入室成员可在本单位自选一名骨干教师担任助理，负责梅州市特殊教育学校办学经验资料的收集及落实工作室日常材料的宣传推广工作。

（二）工作室工作思路

1. 初始规划阶段（2020年1—12月）

（1）各位工作室成员分析学校校情和办学特色及存在的问题，结合校情对已有管理经验进行提炼，对问题进行梳理。

（2）学习借鉴珠三角、港澳台等地区的特教前沿理念，储备管理知识。

（3）制订个人发展规划。工作室全体成员都要制定个人三年发展规划，明确自己的发展方向和目标，引领自己的日常管理工作。

（4）制定工作室成员考核方案，包括成长目标、培训形式、培训考核等。

（5）召开工作室课题筹备会议，讨论确定工作室拟开展的课题研究项目。

2. 全面实施阶段（2021年1—12月）

坚持理论提升与实践探索相结合、课题研究与经验提炼相结合的原则，在市教育局统一安排下，实施预定方案。

（1）理论提升

工作室成员要不断接受教育，完成理论提升。以理论学习为支撑，选择相关学校管理专著进行研读，并作阅读批注和摘抄笔记，养成坚持学习、善于思考、勤于笔耕的良好习惯，逐步提高自身的教育理论素养和业务水平。每位成员在培训周期内至少公开发表或获奖1篇论文。同时，要在打造所在学校的办学特色实践中不断学习理论知识，丰富自己的办学经验，周期内完成学校管理创新与教育教学改革的研究报告1篇及以上。

（2）研修访学

通过专家讲座、片区合作、蹲点跟岗、撰写论文、课题研究、考察访学等多种形式开展主题鲜明的实践活动，不断提高每位成员的教育教学研究能力和实践能力。成员每年通过跟岗实践、交流研讨、课题指导、学校管理诊断等方式组织入室学员集中研讨培训不少于10天。

本工作室积极为成员们研修访学创造机会，每年至少举办1次县（市、区）级以上的校长发展专题论坛、开展1次考察访学活动，开展培训授课、送培到校等相关任务不少于5次。通过把专家请进来把脉问诊、专题研修，主动走出去观摩学习的访学方式，不断拓宽工作室成员的管理视野，借鉴特殊教育科学管理经验，促学、促思、促行动，将研修访学成果贯彻进自己的工作中。

（3）指导教育教学和课程建设

创建工作室网络研修平台，开展主题论坛、在线交流、理论学习等线上研修活动。工作室每年组织的线上研修活动不少于5次；每年至少组织工作室成员开展1次学校问题现场诊断活动；工作室中的每一位成员都要指导本校教师的教育教学工作和学校的课程建设，成为有先进思想的研究型和专家型教师。

（4）经验交流

① 每年组织工作室成员进行专题论坛，共同研究解决学校管理中的问题。周期内至少与2所乡村学校或薄弱学校、山区教育扶贫学校结成帮扶对子，引领和推动梅州市中小学办学治校水平的整体提升。

② 在上级部门建立的网络平台上建设"姚生平名校长工作室空间"，上传教学资源和成员成果分享资料，开展主题论坛、在线交流、理论学习等活动，成为名校长工作室的交流互动空间、资源生成空间和成果辐射源空间，完成本工作室的网页建设，并使之运行良好；不定期编印工作简报，通过简报及时发布信息，增进主管部门对工作室日常工作的了解，促进工作室成员单位之间的交流和合作。

③ 积极联系各类媒体，加大宣传力度和辐射范围，充分发挥工作室的社会影响力。

（5）总结反思

每位成员要及时加强反思，结合学习中的得失适时调整个人发展规划。每位工作室学员在参与线上研修或线下访学等工作室活动后两周内均需提交不少于500字的心得体会文章，做到事后有总结、学后有反思。

3. 总结评价阶段（2022年1—12月）

主要总结内容包括：

（1）工作室成员个人专业（管理、业务）成长。

（2）工作室成员所在单位的发展变化。

第三节 工作室制度

按梅州市教育局有关要求，为确保工作室各项工作有效开展，实现工作目标，更好地发挥工作室的示范、辐射和引领作用，搭建工作室主持人和学员共同发展的平台，形成有影响力的团队，特制定工作室制度。

一、工作室组织机构分工说明

表1-3-1

人员	职责	备注
顾问	工作室建设指导	
高校专家	负责工作室理论研究和实践指导	
教研专家	负责工作室教育科研方面的指导	
主持人	建立工作室计划与制度，负责工作室资金使用和管理，承担培养培训实践指导，负责学员考核工作	
助手	1.协助主持人完成工作室计划、总结和每次活动的开展； 2.收集每次学习资料，提供前沿的学习信息，按计划跟进学员的学习任务，做到人人按时完成作业，做好资料整理和保管归档工作； 3.负责每次活动的吃住行安排，收取和管理活动经费，做好后勤保障工作； 4.负责每次活动的联络，每次微信会议提前通知到每个学员，负责考勤工作，协助主持人对外联络工作	

二、工作室主持人和学员职责制度

（一）工作室主持人的主要职责

（1）主持工作室日常工作，确定工作室研究发展方向，拟定工作室的工作目标和方案，制订工作室周期工作计划。

（2）制订工作室学员培养考核方案，对工作室学员专业化发展做出评价考核，并记入学员专业化发展成长档案中。

（3）组织教育教学研究及指导实践活动，指导学员开展课题研究，组织落实示范课、观摩课、专题讲座等多种形式的研讨活动。

（4）总结推广办学经验和工作室工作经验，传播先进的教育理念，发挥专业引领作用。

（5）负责工作室的资金使用和管理，按专款专用原则，严格制度管理，并接受上级审计。

（二）工作室学员的主要职责

（1）制订学员个人成长目标，制订周期学习计划和确定研究项目。

（2）接受工作室主持人的指导，及时完成工作室主持人下达的学习与研究任务。周期结束时完成一份个人成长报告及公开发表一篇研究性论文。

（3）协助工作室主持人开展各项活动并提出合理化建议和方案，使工作室能高效运行，互助合作，共同提高。

（4）在实践中不断推广先进经验和成果，传播先进的教育理念和办学经验，积极发挥工作室的引领、示范和辐射作用。

（5）加强、完善工作室网站和公众号平台的建设，充分体现名校长工作室网站和公众号平台的实用性、示范性和互动性。

三、工作室管理制度

（一）会议制度

（1）每学期召开一次工作室会议，讨论本学期工作室计划，确定工作室学员的阶段工作目标、工作室的教育科研课题及专题讲座、走访考察内容。

（2）每学期召开一次工作室总结会议，安排本学期办学经验、个人成长等方面需要展示的成果内容及形式，分享成功的经验，探讨存在的问题。

（3）根据工作室计划，每年至少安排两次阶段性工作活动，督促检查课题的实施情况，解决实施过程中的难点问题。

（二）培训制度

（1）采用导师培养制度，工作室主持人与指导专家为工作室其他学员的导师。

（2）工作室主持人为工作室学员制订具体培训计划，安排培训内容与进程。

（3）工作室学员必须参加带教培训活动，完成工作室的学习、研究任务，并有相应的成果显现，努力实现既定的培养目标。

（三）考核制度

（1）考核方式：工作室主持人、学员考核通过查核材料、问卷调查、听取报告、现场答辩、主题论坛等方式进行。

（2）考核内容：主持人的考核内容主要包括培养计划、培养成果、个人成果、学员评价和当地教育行政部门评价等；学员的考核内容主要有学习计划、学习状况、学习成果、主持人评价、校内师生评价和当地教育行政部门评价等。

四、档案管理制度

（1）工作室为每位成员建立研修业务档案，工作室助手做好档案的管理工作。

（2）工作室学员的研修计划、总结、听课、评课记录、论文、报告、讲座、学习笔记、主题活动记录等材料及时收集、归档、存档，为个人的成长和工作室的发展提供依据。

（3）工作室网站、学员电子档案要及时更新，公布学员沟通方式，畅通学员交流渠道。工作室要及时通过网站、公众号发布工作动态、学员论文、专题研究课例设计、典型案例及评析、教育故事、活动图片等。

实践探索

第一节　扬帆凭借力　众行定更远

金戈铁马闻征鼓，只争朝夕启新程。2020年9月15日，梅州市姚生平名校长工作室揭牌仪式暨集体研修活动在梅州市特殊教育学校举行。梅州市教师继续教育指导中心李文贞主任，梅州市教育局教研室教研员、工作室指导专家刘应成老师出席了本次活动，工作室主持人姚生平校长携工作室团队成员、全体入室成员整齐亮相，一群志趣相投、潜心特教的管理精英，因疫情错过了春夏之约，今日线下重聚，共享知识的饕餮大餐、共话未来之绚烂图景。

图2-1-1

签到就座后，首先由主持人姚生平校长致欢迎词、介绍工作室的基本情况、未来三年的行动规划。姚校长在发言中诠释了工作室的文化理念和培养目标，并重点宣读了本年度的具体任务安排及下一步的课题开展计划，使在场的各位学员明晰接下来的研修学习安排。

图2-1-2

梅州市教育局教研室教研员、工作室指导专家刘应成老师作了《献给有爱有温度的特教人》主题讲座。刘应成老师结合自己深耕教研领域的工作经验谈对名校长工作室的培育目标的理解：对于已经是校长的入室成员，前面加个"名"字，争取从"校长"到"名校长"，是一个质变的过程，也是培育的目标；对于中层干部身份的入室成员，以名校长的标准来要求自己，在工作室的带领下向一名好校长的目标努力，也是工作室培育的重要目标。他还结合自身体会给在场学员分享了名校长的5个参数标准：责任感、平衡能力、综合能力、管理艺术、独特教育思想。在讲座的尾声，他对学员提出了三点要求：增加阅读广度、拓宽视野；理论联系实际，做到实干兴校；做高效管理专家。

图2-1-3

梅州市教师继续教育指导中心李文贞主任在发言时指出，一个工作室就是一个微型的继教中心、一个专业的教研交流平台。作为工作室的主持人，既是荣誉、更是责任！希望工作室全体学员在主持人的带领下，利用工作室这个好平台，聚能人、做大事，积极开展工作，创新工作模式，为促进梅州特殊教育的发展贡献自己的力量。

专家指引明重任，领导嘱咐勇担当。聆听完专家讲座、领导嘱托后，由李文贞主任、刘应成老师和姚生平校长共同为工作室揭牌，全体与会人员合影留念。

图2-1-4

扬帆凭借力，众行定更远。这次揭牌仪式暨集体研修活动的成功举办，标志着姚生平名校长工作室这艘大船已经扬帆起航，每位学员也已开启了一趟新的学习成长之旅。相信有了"领导重视""专家引领"这两股强大的助力，有了一群志同道合、投身特教的学习伙伴，这条研修之路会迈得更稳健、走得更扎实、成效更卓著！

第二节 追寻特教前沿资讯 谋划特校科学发展

图2-2-1

为探求特殊教育学校办学方向，更新梅州市姚生平名校长工作室各学员的特教观念，树立科学的办学思想。2020年11月2日上午，华南师范大学教科院特殊教育系主任谌小猛副教授受邀在梅州市特殊教育学校开展讲座，梅州市姚生平名校长工作室学员、广东省特殊教育冯伟君工作室学员及学校部分教师聆听了讲座。

图2-2-2

　　谌小猛副教授是华南地区比较资深的特教专家，在《心理学报》《中国特殊教育》《心理科学》《现代特殊教育》等杂志上发表了20多篇学术论文，主编《视障儿童定向行走指南》，拥有韦氏第四版儿童和幼儿量表等多个主试资质证。谌教授为我们带来的是"特殊教育的发展趋势"专题讲座，对山区特殊教育学校校长们来说是正合"胃口"，如获至宝。

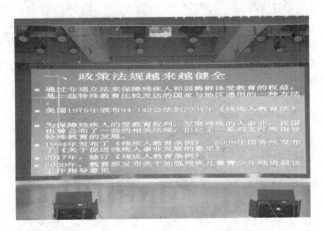

图2-2-3

　　谌教授从政策法规、特殊教育对象、特殊教育安置越来越多元（朝向融合）、特殊教育体系越来越健全、课程理论模式越来越健全（从学前—高等教育）、特教学校功能越来越多样、评估与教育联系越来越紧密、辅助科技与信息化越来越明显、学科整合越来越明显等方面，通过国内外的事例和图片，向大家介绍了当前特殊教育的发展趋势。

图2-2-4

　　谌教授介绍，美国95%左右的学生在普通学校接受融合教育，但是融合教育的形式按照在普通班级中时间分成3类。一类是80%以上的时间待在普通班级的学生；一类是40%—79%的时间待在普通班级的学生；一类是不到40%的时间待在普通班级的学生。目前我国的特殊教育仍然是以特殊教育学校为骨干、普通学校随班就读和附设特教班为主体、送教上门为辅助的残疾儿童少年义务教育格局。残疾儿童少年随班就读是提高残疾儿童少年教育机会的有效途径。

图2-2-5

通过学习专家讲座，更加坚定了梅州市特殊学校创办陶画、烘焙职业培训的办学方向，学校于2014年开设职业教育陶画专业班，与市陶瓷协会联合办学，引进两位经验丰富的陶画师傅充实师资队伍，经常组织陶画班学生到大埔、江西景德镇等陶瓷企业实训、创作。

图2-2-6

2018年第三届"客都文化杯"文化创意产品大赛，学校选送的陶瓷工艺作品《青花瓷系列》《釉上彩瓷板画》分别荣获金奖、铜奖。2019年，学校与梅台文化创意产业园联合成立"胜有声文化传播有限公司"。近年来陶画班学生或升上美术院校深造，或成为陶瓷企业陶画技术工人，学校陶画职业教育帮助听障孩子打开幸福之门。

2020年秋季，学校正式开设烘焙培训项目。前期学校结合听障学生的特点和学生兴趣，经市场调研后，确定烘焙项目作为学校职业培训新项目。目前学校已配备比较完善的烘焙场室和相关设备设施，进行了烘焙专业课程开发和备案，外请中职学校的面点老师充实师资队伍。目前每天下午两节课，部分学生已经在老师指导下学习烘焙职业技能。后期学校将对接好各烘焙市场用人单位，做好学生就业服务。

图2-2-7

作为市级特校，梅州市特殊教育学校将担当起更多的职责，积极完善特殊教育指导中心、融合教育中心、职业教育中心、教师培训中心、教科研中心等多种功能。

图2-2-8

此次学习专家讲座活动，使工作室的学员更加明确前进方向，对办学思想、办学方向有了明晰的认识，将有效推动学校的科学发展。

第三节　一路风尘寻经问道　满载而归治校良方

　　"读万卷书，行万里路。"为开阔梅州市姚生平名校长工作室学员的视野，吸收经济欠发达地区兄弟学校成功的办学经验，解决办学中的困惑，增进兄弟特校间的交流，同时发挥名校长工作室的辐射引领作用，梅州市姚生平名校长工作室率学员于11月3日至8日，赴乳源、韶关、清远、茂名、阳江五地特校开展研学交流活动。学员们带着问题，用心观察，虚心请教，互通有无，共促发展。活动由经验介绍、问题探讨、听课交流、实地参观等组成，围绕办学实际问题，开展研讨，成效明显。回顾五所交流特校，他们在办学方面各具特色，让我们深受启发。

一、乳源特校

图2-3-1

　　乳源县特殊教育学校是我们研学的第一站，它是韶关市县级特殊教育学校。校园面积略显拘束，该校规模不大，有5个教学班，师生人数不多，采用"三三制"教育模式（三年习惯养成、三年技能提升、三年实践教育）。

图2-3-2

研学收获：

　　（1）县级特校办学的优势。县级特校虽然规模不大，但更好地满足了特殊孩子就近入学的教育需求，为特殊孩子融入正常社会创造了条件。

　　（2）特教人扎根条件艰苦的薄弱特校，为特殊孩子的发展无怨无悔地付出，擎起特教人高尚的师德旗帜，让人由衷敬佩。

二、韶关特校

图2-3-3

韶关特校创办于1959年，是广东省最早的七所特校之一。学校马校长向我们介绍了该校目前只招收听障、智障两类少年儿童，近年来重点打造培智教育，做好人才引进，招聘了30多位特教专业毕业的教师，另外对特教津贴等问题和我们进行了交流。姚生平校长介绍了梅州特校着力打造艺术特色教育、高考教育、职业教育等方面的一些经验。

图2-3-4

工作室学员还听了该校教师上的"倒数认识"公开课，授课教师以比赛形式巩固知识，学生参与度高，采用分组合作学习形式，教学过程流畅，给听课者留下深刻印象。

图2-3-5

研学收获：

（1）办学务实，功能场室齐全。参观过程发现，功能场室数量众多，价值不菲。该校在办学资金有限的情况下，把钱用在刀刃上，重点打造培智教育的各功能场室，切实为特殊孩子的教育服务，务实作风值得推崇。

（2）发挥团队作战的优势。据马校长介绍该校不推崇个人英雄主义，而是积极打造团结协作、积极向上的优秀团队。注重团队团结协作、良性竞争的氛围，特别是在接待过程中，教师们井然有序，相互协作，让人印象深刻。

（3）管理完善到位。在我们参观校园的过程中发现，该校走廊、教室、宿舍地面一尘不染，而这都是学生完成的，没有请保洁人员，该校管理可见一斑。

（4）积极引进人才。学校的发展离不开一支专业化教师团队，该校一方面向专业院校招聘人才，一方面发挥该校教师学习精神，打造双师型的教师队伍。

三、清远特校

图2-3-6

清远市特殊教育学校是一所占地96亩的大型特殊教育学校，办学历史只有10年，招收了视障、听障、智障三类少年儿童入学，学生400多人，教师有100多人，南京特师毕业的有50多人。该校注重教研，目前有9个省级课题，学生两周回一次家，学生伙食费每人每天18元全免，由残联统一补助。

图2-3-7

研学收获：

发展特殊教育需要政府部门的大力支持。清远市特殊教育学校利用全省特教会议在清远市召开的契机，在省、市政府的关心、支持下取得了飞速发展。该校办学历史虽然很短，但在校园规模、师资建设、扶残助学等方面都具有很强的后发优势，实现弯道超车。在学校办学过程中，我们要用足用好各种契机、相关政策文件，向上级部门多反映，多争取，来助力学校发展和推动特殊儿童享有更多的权益。

四、茂名特校

图2-3-8

茂名市特殊教育学校，面积虽然不大，但该校办学历史悠久。该校创办于1985年，2008年创办听障高中（中职），2017年创办培智中职，实现听障和智障孩子小学至高中阶段12年免费教育。学生总人数673人，其中送教学生164人，教职工179人。特教底蕴深厚，成绩丰硕。该校全力打造特色教育，开设了书法、国画、手绘等特色课程，该校表演的文艺节目多次在国家省市各级残疾人文艺会演中取得好成绩。2011年至今共有70多名听障学生考上各类大学继续深造。该校十分重视学生职业培训，开设了计算机应用、美术工艺、点心制作、中式烹饪、酒店服务、美容美发等课程，为学生自立于社会奠定良好的基础。毕业学生邱浩海在深圳创办"声活科技文化有限公司"，2017年，李克强总理视察其创业成果展时给予了高度评价。该校还为我们带来了语文"雷雨"、美术"小扎染"等公开课，课后执教老师和工作室学员进行了探讨交流，促进教学水平共同提高。

图2-3-9

研学收获：

（1）重视口语教学。口语教学是该校针对听障学生进行的康复措施，也是家长和社会迫切期待，利用现代医疗条件和辅助技术发展的契机，通过结合课堂口语教学，促进听障学生口语发展，为学生融入社会奠定良好基础。

（2）重视艺术教育。该校首先确定办学理念、培养目标、关键决策，组建艺术教师和专家团队，选拔艺术苗子，练好基本功和培养创作能力，通过相关机制保障实施来开展。

（3）重视职业教育。职业教育是学生顺利融入社会的根本。该校针对学生特点开办了多种职业培训，确实造福了众多特殊儿童及其家庭。联系目前我们办学实际，学校要充分摸清市场需求，结合学生自身特点，选准培训项目，扎实开展职业项目培训。

（4）学校管理严谨到位。在参观校园的过程中，学校的每个地方都有学校取得成绩的展示，有特色教育的，有文艺比赛获奖的，有职业教育的，等等，这些大大小小的成绩无不在告诉我们学校师生所做出的艰辛努力，告诉我们学校在管理工作上的科学与严谨。

五、阳江特校

图2-3-10

阳江市特殊教育学校2006年开始筹办，用一年多的时间完成筹办工作，用该校何校长的话说，"办起了让学生和家长看得见的一所特殊教育学校"。2014年开办培智教育，近年来该校高考成绩喜人，计算机、美术高考有学生获得满分的好成绩。舞蹈节目曾在文艺比赛中获得一等奖。目前面临听障学生大幅萎缩的情况。

图2-3-11

研学收获：

（1）校园文化见解独到。回归清纯、质朴的校园环境来影响人、熏陶人。以渗透在师生身上乐观阳光、积极向上的精神来彰显校园文化。告诉我们在进行校园建设的时候，应该用怎样的理念去设计我们的校园，从而打造出润物无声的育人环境。

（2）新办特校的后发优势。新办特校起点高，教学设施比较先进，教师队伍专业化程度高。

（3）找准办学定位。随着学生结构不断调整，学校应对听障教育、培智教育、职业教育、高中教育等找准站位，理清方向，不断扩大教育范围，提升教育质量，更好地为特殊孩子提供教育服务。

西行求经，虽然身困体乏，但我们每个学员的内心都是充盈的，学员们看到了粤西北各特校的办学特色，取到了特教同行宝贵的"真经"。各学员将把学到的经验再消化，再吸收，灵活运用到工作中去，推动梅州山区特殊教育向前发展。

第四节 携手交流 共促发展

图2-4-1

　　为加强名校长工作室间的合作交流，特别是向省名校长工作室学习工作室建设经验，2020年11月28日，梅州市姚生平名校长工作室和广东省聂永平名校长工作室在梅州市特殊教育学校开展交流活动。

图2-4-2

在梅州市教育学校会议室，广东省聂永平名校长工作室一行在主持人越秀区启智学校聂永平校长的带领下和梅州市姚生平名校长工作室成员进行了亲切的交流。两个工作室就工作室建设、运作模式、开展活动、突显成果等进行交流，大家各抒己见，气氛热烈，最后形成了工作室一定要健全机制、制订详细计划、充分调动学员积极性、开展丰富研学活动、巩固活动成果等共识。

图2-4-3

广东省聂永平名校长工作室成员清远市清城区特殊教育学校陈杰校长、英德市智通学校李志文校长和聂校长分别做了办学经验介绍。聂校长详细介绍了越秀区启智学校情况，该校地处广州中心核心区，一校三校区，教师180多人，学生接近400人，办学层次有学前、小学、初中、职高，近年来在个别化教学、课程建设、医教结合等取得了显著成绩，还承担随班就读指导中心任务，具有智障儿童的评鉴资质，是所全方位、多元化的启智学校。

图2-4-4

　　梅州市特殊教育学校姚生平校长就学校开展艺术特色教育，为特殊孩子锻造谋生技能，着力发展听障陶画、烘焙职业教育，近年来学校听障高考取得丰硕成果向同行们做了简要介绍。聂校长还就当地残联在学校办学发挥的积极作用、毕业学生的就业情况等方面与姚校长进行了交流。最后，来宾们还参观了学校的校史室、美术室、陶画室、烘焙室、舞蹈室、礼堂等功能场室，都对学校建设表示充分肯定。

图2-4-5

　　此次工作室间的交流活动，延续了"特教一家亲"的精神，特教名校长工作室间、特殊学校间开诚布公，互通有无，相互学习，相互借鉴，启发创新，共同推动特殊教育学校办学和名校长工作室建设向前发展。

第五节　以比赛抓训练　以训练促发展

图2-5-1

　　为更好促进梅州市姚生平名校长工作室学员所在学校之间教育教学工作学习与交流，使各特殊教育学校形成办学特色，提升办学水平。2020年12月17日，梅州市姚生平名校长工作室各学员单位参加梅州市教育局组织举办的首届全市特殊教育学校教学成果展演活动。展演在梅州市特殊教育学校举行，得到平远县特殊教育学校大力协助，市政协委员戴德伦委员、梅州市教育局朱志强副局长、梅州市教育局教研室刘应成老师和各县特殊教育主管领导出席了此次展演，全市各特殊教育学校代表参加了此次展演。

图2-5-2

在展演开幕仪式上，朱志强副局长发表了热情洋溢的讲话。朱副局长首先转达了市教育局彭旭局长向大家表示的亲切问候！并指出，让每朵花儿都绽放美丽！党的十八大以来，习近平总书记明确提出"全面建成小康社会，残疾人一个也不能少"。近年来，在党和政府的重视和关怀下，特殊教育迎来了发展的春天，梅州市积极落实《广东省第二期特殊教育提升计划》要求，加大对特殊教育投入力度，实现了"县县有特校"，"特殊儿童有学上，上好学"得到落实，努力让每个孩子都能享有公平而有质量的教育，进一步提升残疾人受教育水平、增进残疾人家庭福祉、加快残疾人小康进程。

图2-5-3

朱副局长还肯定了梅州市听障学生高考成绩喜人，先后有50多位学生考上本专科院校；陶画、烘焙等职业技能教育稳步推进，有效提升特殊毕业学生的就业能力和幸福指数；众多文艺作品在省残疾人艺术会演等各类比赛中屡创佳绩；许多近几年新办的特殊教育学校起点高，进步快，软件硬件都有大幅度提升。

图2-5-4

展演随着5位节目主持人的闪亮登场而拉开序幕。全市9所特殊教育学校共16个作品依次登场，其中学生作品8个，教师作品7个，师生作品1个。参演节目形式丰富，有独唱、舞蹈、器乐、小品、戏剧等。教师类节目艺术表演成熟，优美的舞姿、动听的歌声、悦耳的丝竹琴弦之音给人视听享受。学生类节目，戏剧小品纯朴自然、清新可爱，剧情给予人教育启迪；舞蹈场面盛大，演员动作到位，情感充沛，给人强大的视觉冲击。参演节目异彩纷呈，充分展示梅州市特殊教育艺术教学特色和成果。经过评委打分，最后梅州市特殊教育学校参演的舞蹈《筚路蓝缕》等6个作品获得梅州市2020年特殊教育学校教学成果展演一等奖；兴宁市特殊教育学校参演的舞蹈《明月照山乡》等10个作品获得梅州市2020年特殊教育学校教学成果展演二等奖。

图2-5-5

工作室各学员所在单位艺术教育硕果累累，各学员教育科研也成绩斐然。他们积极参与梅州市2020年特殊教育学校教师教育教学论文评比活动，工作室主持人姚生平撰写的《让器乐课成为盲生快乐的源泉》、工作室学员杨剑平撰写的《山区特殊教育学校艺术教育的实践与探索》、工作室学员邹峰撰写的《对新课标背景下培智教育有效性的思考》、工作室学员丘玉华撰写的《游戏法体育教学模式对学生发展的影响——以民间游戏对培智教育的影响为例》、工作室学员李巧玲撰写的《特殊教育启智数学的教学特点和方法的探索》、工作室学员冯庆锋撰写的《培智学校生活自理培养与管理实践与探索》等多篇论文在梅州市2020年特殊教育学校教师教育教学论文评比中获奖。

图2-5-6

市教育局朱志强副局长和市教育局教研室刘应成老师分别给获奖单位和获奖教师代表颁奖，并鼓励大家再接再厉，争取更多更好的成绩！

最后，市教育局教研室刘应成老师对梅州市首届特殊教育学校教学成果展演进行了总结，刘应成老师肯定了各参演学校对此次活动的高度重视，参演节目种类丰富，质量高，对台下教师精心指导和学生刻苦训练给予高度评价，对承办单位和协助单位的组织工作表示衷心感谢，并祝愿全市特殊教育学校教育教学工作再上新台阶。

图2-5-7

"以比赛抓训练，以训练促发展"是学校管理的一种常用模式。我们坚信以目标为导向，提供有效的人员、资金、条件保障，注重有效衔接，科学分工，细化管理，强化关键环节，就一定可以使学校办学取得成效。

第六节 交流展技能 携手共提升

为探索交流课堂教学改革经验做法，促进工作室入室学员课堂教学质量和学校教学管理工作提升，2021年11月4日，梅州市姚生平名校长工作室主持人携学员9人参加了全市特殊教育学校教师（校长副校长组）说课评比活动。

图2-6-1

说课评比活动正式开始，工作室参加比赛学员们根据现场抽签顺序依次上台说课。各学员都做好充分准备，表现出最好的状态，拿出自己的看家本领，通过精美的PPT把整节课的教学设计娓娓道来，毫无保留地把自己课堂教学的好经验、好做法展示出来。各学员熟悉教学内容在教材中的地位和作用，紧紧抓住教学重点，巧妙突破教学难点；针对不同层次水平的学生设计不同的教学目标和教学方法；教学过程设计清晰，环环紧扣，根据学生的特点选用图片、实物、视频等教具学具，强化了学生的主体地位，充分展示了学员们扎实的教学技能。工作室学员们认真观看聆听，联系自己的教学实践，细心体会，深入思考，取长补短，启发创新。

图2-6-2

经过努力，工作室入室学员们取得了优异的成绩，工作室学员肖晓利展示的"小鼓响咚咚"、曾苑展示的"大自然的语言"和丘玉华展示的"比高矮"分别获得一等奖；工作室主持人姚生平展示的"竹笛气震音"、邹峰展示的"画图软件的复制粘贴"、李巧玲展示的"认识6"、黄芳展示的"过马路"和郭相立展示的"走近父母"分别获得二等奖。

图2-6-3

　　此次比赛，工作室学员们百花齐放，精彩纷呈，带给大家满满的干货。赛后学员们纷纷表示收获的不仅仅是一份荣誉证书，更重要的是把同行们宝贵的经验和触类旁通的思考运用到学校教学管理中去，促进学校教学质量提升。

第七节　专家引领话前沿　携手研学促发展

融合教育是以经过特别设计的环境和教学方法来适应不同特质小孩的学习，所有学生有权利在最少限制的环境中接受教育，特殊孩子也是班上的一员。个别化教育计划简称IEP，又叫"个别化教育方案"，是指一份由学校与家长共同制定的针对学生个别需要的书面教育协定，它记载学生的评定结果，该年度需提供的教育安置，相关服务及教学目标等。个别化教育计划是落实个别化教育的载体，提升特殊教育质量的重要保证。

图2-7-1

图2-7-2

为更全面深入地学习融合教育中IEP的编制，2021年11月16日，梅州市姚生平名校长工作室在市特殊教育学校六楼礼堂举行《融合教育中IEP的编制》专题讲座，讲座由广东省岭南师范学院特殊教育学系吴永怡教授主讲，梅州市姚生平名校长工作室学员、广东省特殊教育冯伟君名教师工作室学员以及市特校全体教师参加了学习。

图2-7-3

吴教授通过翔实的文献资料和亲历的中外见闻，图文并茂地介绍了融合教育的发展历程和对特殊群体学习生活的重要意义，强调对残障学生的尊重问题，强调物理空间的融合、心理社会的融合和课程教学的融合。把融合教育的理念运用到IEP的编制上，指出根据IEP编写教材运用调整、观察、调适、沟通、合作等原则与策略，指出要找到学生的学习起点；调整学习用具；通过现场小活动，指出要给特殊学生适当的教育，不能超出其的能力范围等要注意的问题。

图2-7-4

此次讲座学习活动，开阔了姚生平名校长工作室学员们的视野，使学员们的特殊教育理念又一次受到洗礼，学员们将把学到的融合教育中IEP编制相关知识和工作实践结合起来，有效促进教育教学工作的提升。

第八节 论教展技能 交流促成长

为探索交流课堂教学改革经验做法，促进工作室网络学员课堂教学质量提升和专业成长，2021年11月11、25、26日，梅州市姚生平名校长工作室网络学员参加了全市特殊教育学校教师说课评比活动。

图2-8-1

说课评比活动正式开始，工作室网络学员们根据现场抽签顺序依次上台说课。各学员通过精美的PPT把整节课的教学设计娓娓道来，毫无保留地把自己课堂教学的好经验、好做法展示出来。各学员阐明教学内容在教材中的地位，围绕教学重点，突破教学难点；针对不同层次水平的学生设计不同的教学目标和教学方法；教学过程设计科学，根据学生的特点选用图片、实物、视频等教具学具，强化了学生的主体地位，充分展示了学员们扎实的教学技能。工作室学员们认真观看聆听，联系自己的教学实践，取长补短，启发创新。

图2-8-2

经过努力，工作室网络学员们取得了优异的成绩，钟柳芳等12个工作室学员分别获得一等奖；徐玉婷等16个工作室网络学员分别获得二等奖，共有28个工作室网络学员获得奖项。

图2-8-3

　　说课评比活动在26日上午圆满落幕，综观几天比赛，工作室学员们百花齐放，精彩纷呈，带给大家满满的干货。赛后学员们纷纷表示收获的不仅仅是一份荣誉证书，更重要的是同行们宝贵的经验和触类旁通的思考。此次，工作室网络学员参加说课评比活动，促进了全市特殊教育教师教学经验的交流学习，营造了全市特殊教育学校比学教学技能的良好氛围。

第九节　工作室经验总结

姚生平名校长工作室成立于2020年5月，是梅州市首个市级特殊教育名校长工作室。工作室以提升梅州市各县（市、区）的校长（副校长）专业能力建设为核心，充分发挥名校长学校管理，特色办学的示范、指导、辐射作用，通过整合资源、强化管理、团队培养、整体提升，努力建设一支梅州地区师德高尚、业务精湛、配置合理、充满活力的名校长队伍，从而促进梅州市特殊教育工作更好、更快、可持续地发展。

一、工作室理念

姚生平名校长工作室秉承"引领成长、实现共赢"的理念，着力提升校长领导力，培养一批办学理念先进、特教情怀深厚、管理能力突出、个性风格鲜明的优秀校长，推动山区特殊教育特色发展。

二、主要研修方式

（1）理论研修。以理论学习为支撑，选择学校管理专著进行研读，并撰写读书笔记或教育随笔，提高自身的教育理论素养和业务水平。同时，将所学习的理论主动应用到所在学校的办学实践进行修正、创新，并尝试凝结自身教育教学经验。要求每位入室学员在培训周期内完成学校管理创新与教育教学改革的研究报告1篇，至少公开发表或获奖1篇论文。

（2）课题引领。秉承"以研促学，在合作研究中共同提升"的目的，工作室主持人姚生平同志积极带领骨干学员申报并成功立项了市级课题"特殊学校教学特色现状及对策研究",课题紧扣工作室发展理念,通过系统梳理梅州地区特殊学校开展特色教学的现状及原因分析,旨在挖掘梅州地区一所特殊学校现有或潜在的教学亮点,探索适合山区特殊学校教学特色构建的途径、方法和规律。

(3)考察访学。组织学员走出去,前往珠三角地区、长三角地区等特殊教育先进示范学校进行现场考察、跟岗学习,不断拓宽工作室成员的管理视野,借鉴特殊教育科学管理经验,促学、促思、促行动,将研修访学成果贯彻进自己的工作中。同时,前往韶关、清远、茂名等同类山区特校开展送教送培、发展经验交流,既无私分享工作室主持人和学员所在校成功的办学经验,也学习借鉴对方学校的特色办学做法,达到成长互促的目的。

(4)办学诊断。工作室每年组织成员开展1次以上学校问题诊断活动,轮流前往学员所在校进行现场办学诊断,鼓励学员之间建立结对帮扶或友好合作单位,共同研究解决学校教育教学管理中的问题,引领和推动梅州市特殊教育学校的办学治校水平整体提升。

(5)线上研修。创建工作室学员群、"姚生平名校长工作室空间",定期上传教学资源和成员成果分享资料,组织学员积极参与主题论坛、在线交流、理论学习等活动,积极撰写和上传教学设计、教学实录、教学理念探讨等特殊教育精品资源。

三、研学实践活动

(1)2020年9月15日,开展工作室揭牌仪式暨集体研修活动,邀请工作室指导专家、正高级教师刘应成同志开展专题讲座《做有爱有温度的特教人》。刘应成老师从自身教经验谈起,讲述了从"校长"到"名校长"背后的点滴努力,他还结合自身阅历,给在场学员分享了名校长的5个参数标准:责任感、平衡能力、综合能力、管理艺术、独特教育思想。首次集体研修、工作室第一场讲座,为工作室学员接下来努力成为优秀甚至卓越的校级管理者提供了很好的指导建议。

（2）2020年11月2日，工作室邀请华南师范大学教科院特殊教育系主任谌小猛副教授开展《特殊教育的发展趋势》专题讲座，谌教授通过国内外翔实的发展案例，从政策法规、特殊教育安置的融合导向、特殊教育学科整合趋势等方面，阐述了当前特殊教育的发展趋势。讲座开拓了在场学员的理论视野，为未来的办学实践提供了科学的导向。

（3）2020年11月3日至8日，工作室成员先后赴乳源、韶关、清远、茂名、阳江五地特校开展研学交流活动。学员们通过实地参观、积极参与办学经验研讨交流、深入课堂听课评课、聆听当地专家讲座等形式，看到了粤西北各特校的办学特色，取到了特教同行宝贵的"真经"，取得了良好的活动实效。

（4）2020年11月28日，工作室为加强名校长工作室间的友好联动，特别是向省名校长工作室学习工作室建设经验，特邀广东省聂永平名校长工作室骨干成员来到梅州市特殊教育学校开展交流活动。双方就工作室建设、运作模式、活动开展等进行深入交流，此次活动延续了"特教一家亲"的精神，也为工作室下一步的创新发展提供了很多有益的意见，共同推动特殊教育学校办学和名校长工作室建设向前发展。

（5）2020年12月17日，在工作室的积极推动下，首届全市特殊教育学校教学成果展演活动在梅州市特殊教育学校成功举办，工作室全体入室学员及所在学校均参与了此次成果展演，有效地贯彻了"引领成长、实现共赢"的理念，形成了"全市特校一盘棋"的良性发展氛围。

（6）2021年11月，工作室入室成员及部分网络学员作为参赛选手参与梅州市首届特殊教育学校教师说课评比活动（历时8天，分校长、副校长组；中层行政组；45岁以上教师组；45岁以下教师组共4个组别），工作室主持人姚生平同志带领入室学员曾苑、丘玉华、李巧玲、冯庆锋、黄芳、邹峰、郭相立7人参与校长、副校长组说课展示，均获得二等奖及以上的荣誉，取得了良好的教学示范作用。

（7）2021年11月16日，工作室邀请广东省岭南师范学院特殊教育学系吴永怡教授开展《融合教育中IEP的编制》专题讲座。吴教授强调要把融合教育的理念运用到IEP的编制上，指出根据IEP编写教材运用调整、观察、调适、沟通、合作等原则与策略。学员们将学到的融合教育中IEP编制相关知识和工作实践结合起来，有效促进教育管理工作的提升。

（8）工作室根据特殊教育自身实际，利用梅州教育资源公共服务平台，组织全体入室学员及网络学员进行网络研修活动。开展了《如何打造一所有温度的特殊学校》《做一个优秀的学校管理者》《让阅读成为习惯》《借他山之石，琢己身之玉——观"广东省特殊教育青年教师大赛有感"》等主题交流。开展了"求解一元一次方程"课例、唱歌教学"小红帽"微课作品、生活语文"家"课例、"笛子吐音的吹奏方法及运用"课例等教学作品的评议活动。各学员各抒己见，交流思想，互相启发，共同进步。

四、促进区域教师专业发展及推进教育教学改革方面的主要成效及反思

经过工作室近两年的示范引领，学员的专业成长及学员所在学校教育教学改革的推进均有了明显的成效。

（1）学员成长方面，工作室入室学员在各级各类评比活动中共获得奖项55个。工作室成员及入室成员近两年也屡屡获得市级及以上荣誉。比如主持人姚生平被授予"广东省第七届特殊教育优秀教育工作者"荣誉称号；工作室入室学员丘玉华同志入选为广东省中小学"百千万人才培养工程"初中名校长学员；工作室团队成员李俊庭入选为广东省中小学"百千万人才培养工程"特殊教育名教师学员；工作室学员杨炜良获得第十届全省残疾人艺术会演优秀文艺工作者；工作室学员李巧玲被评为兴宁市精神文明建设先进工作者并荣获兴宁市第七届"范剑冰奖教基金"突出贡献校长奖；等等。

（2）办学效益上，学员所在学校在教育教学改革取得了实质性的突破。工作室成员涵盖梅州市各县（市、区）9所公办特殊学校，组成了一个梅州

市特殊教育领域高影响力、高能量的特教校级管理者联盟，彰显了"天下特教一家亲，全市特校一盘棋"的发展思路。2021年市特殊教育学校听障学生高考取得优异成绩，18人参考，17人考上大学，其中6人考上本科院校，市特殊教育学校被市委教育工委授予2020年"先进基层党组织"称号，被市直关工委授予"市直关心下一代工作优秀单位"荣誉称号；学员所在的平远县特殊教育学校先后被评为"广东省巾帼文明岗""广东省校本研修示范培育学校""广东省精品课程立项学校"；学员所在的梅江区特殊教育学校立足学校实际，改革送教上门模式，并积极凝结办学实践经验成果，成功申报了市级课题"梅州地区特殊教育学校送教上门实践策略研究——以梅江区特殊教育学校为例"。

固然，入室学员及所在学校依托工作室平台均有一定的成长和突破，但工作室对网络学员的指导不够，导致网络学员的参与积极性尚未调动起来。同时，因为受到疫情影响，作为重要研修手段之一的外出访学一直未能按计划进行，工作室的课题实践研究也有所影响。下一步，工作室将加强线上研修和论坛交流，尽量避免疫情的不稳定对工作室集体研修工作的影响。

第三章

3

科研成果

第一节　心理健康探索

聋生心理问题成因分析及对策

梅州市特殊教育学校　姚生平

具有良好的心理素质是人全面发展的需要，是人健康成长和事业成功的关键要素。作为特殊的教育群体——聋生，他们的心理健康问题不容乐观，出现抑郁、焦虑、嫉妒、自卑、孤僻等不良心理。如果不重视聋生的这些心理问题，会严重影响到聋生自身的健康发展，给学校教育教学工作带来困扰，甚至给社会安全带来隐患。因此，教师要及时了解聋生的心理变化，采取积极的应对措施，培养他们养成良好的健康心理。

一、聋生心理问题的成因及分析

（一）听觉障碍因素

聋生缺乏"听"的能力，导致外来信息存在缺失，即使通过后天花费大量的时间和精力来学习语言，但是通过语言获取的信息量远远落后于普通儿童，语言能力发展迟滞、信息量缺乏使他们的思维处于形象思维阶段，抽象思维发展迟缓，对社会、自我认识的理解比较主观、片面、肤浅，从而产生各种心理问题。

（二）学校教育因素

聋校是聋生接受教育的主要场所，学校的教学结构、教学目标、教育内容与学法、学校的校风与人际关系、教育教学环境直接影响到他们心理的发展。但是，目前很多聋校的教育教学工作存在一定的弊端：在教育方面，学校注重培养学生的文化素质、能力素质，忽视学生的心理健康教育；在教育教学上，重课内教学，轻课外教育，重知识教学，轻心理疏导；教学内容不合理，课业难度过大等使听障儿童遇到过多的挫折；在教育教学过程中，有些特殊教育教师缺乏心理学与教育方面的素养，没有树立正确的学生观，不懂得根据学生的心理发展和年龄特征来实施教育，在教育学生时采用不当的方法，在言语、态度上侮辱学生，甚至体罚，使聋生变得胆怯、畏缩、缺乏自信，甚至失去上进心，自暴自弃。

（三）家庭因素

家庭的亲子关系、教养方式、家长素质、家庭氛围、居住环境等诸多因素对儿童心理的健康成长产生重要影响。调查研究发现，90%以上的聋生出生在健听人家庭，当父母发现孩子的听力有问题时，往往无法接受，把大量的时间和精力投入寻医问药上，忽视了早期教育；有些则受到经济条件限制，加上缺乏相关知识，对孩子没有采取任何措施，更不用说教育了。缺乏早期教育不仅不利于聋生认知的发展，而且不利于其情感和个性的发展。同时，由于家长承担着巨大的心理、情感和经济压力，家庭氛围紧张而压抑，甚至离异。在这种紧张的家庭气氛中，聋生缺少关爱，容易产生各种负面情绪。

（四）社会因素

聋生语言发展滞后，使他们在许多方面表现出与健听人明显的不同，如，无法对自己的发音进行准确的监控，发出刺耳怪异的声音，难以理解和掌握复杂的社会规则，做出"怪异"的言行。对他们的种种行为，健全人包括他们的父母不能真正地理解和尊重他们，不能平等地看待他们，这使聋生没有归属感，感到自己与社会是格格不入的，自我意识发展迟缓，缺乏成就感和满足感，造成自卑、畏缩、敏感多疑等不良心理，甚至在不法之徒的诱惑下走向犯罪的深渊。

二、矫正聋生不良心理的对策

（一）聋生自身方面

1. 克服自卑心理

聋生要正视自己的生理缺陷，勇敢地面对现实，看到自己的优势，扬长避短，不断前进，相信社会赋予每个人的地位都是平等的，健全人能做到的，残疾人也一样可以做到。

2. 掌握自我调节心理的方法

聋生产生心理问题时可采用以下方法进行心理上的自我调节，比如，回避法（当消极情绪或心理产生时立即丢开、避开这件事或这个人，不钻牛角尖）、自愿法（减轻顾虑的一种"酸葡萄甜柠檬"的心理现象）、宣泄法（减轻焦虑的一种方法，通过合理渠道宣泄，如大喊大哭一场、大喊大叫）、补偿法（发挥心理强项，克服弱项）、升华法（化挫折为动力），等等，让聋生自觉抵制和纠正错误心理，安全度过不良心理带来的消极影响。

（二）学校方面

1. 以生为本，转变育人观念

新的教育理念要求教师不仅仅是立足于三尺讲台，把课本内容传授给学生，做知识的传授者，更是要做一个道德品行的引导者，心理素质的塑造者。但是，由于聋生生活在无声的世界，与常人缺少正常的沟通，是非辨别能力差，想问题没有那么全面，容易偏激。这就需要特殊教育教师把聋生看作完整的人、发展中的个体；关注他们的内心世界，正视他们的心理感受；注重个体差别，及时针对学生在学习生活中遇到的心理问题进行正确引导；根据不同学生的不同需求开展多种形式的教育和辅导，让学生共性健康发展的同时，又要使学生的个性充分施展，实现共性与个性的统一，提高他们的心理健康水平。

2. 在各科教学中渗透心理健康教育

学校选用的各科教材不仅具有知识性，同时具有教育性，语文课、数学课、理科、自然、社会等都蕴含着方方面面的教育契机。教师要善于挖掘和引导，适时对学生进行心理健康教育，达到潜移默化、"润物细无声"的效果，例如语文教材《我不是最弱小的》，教师可以结合学生实际情况，通过学课文，演情节，明事理，培养学生具有不甘为弱者，保护弱小的意识。在课堂教学中，教师要注意充分发挥教育教学功能，加强语言训练，优化聋生知识结构，使学生在宽松、和谐、民主的氛围中进行学习，提高认知水平，消除聋生紧张、焦虑的情绪，走上健康的心理之路。

3. 开设心理健康教育课

首先，通过心理健康教育课向聋生普及心理健康知识，向学生普及什么是心理健康，为什么要心理健康，如何才能做到心理健康等知识。其次，通过心理健康教育课对每个聋生的不同心理，开展定期的心理辅导，并作相关记录，建立个人心理档案，使聋生个性心理中的缺陷得以补偿和矫正。最后，教师要教会聋生如何调节自己的心理，自觉抵制和纠正不良心理，完善自己的人格形象。

（三）家庭方面

首先，家长要积极改变落后的教育观念，提高心理健康教育意识，改变不合理的教育方式。其次，家长要了解聋生心理发展的一般规律和特点，一方面，要注意尊重、信任孩子，保护他们的自尊心，放手让他们独立处理一些问题。另一方面，家长不能把聋生当作健全人对待，要帮助他们正确认识自己、评价自己。在家庭教育的过程中，家长一定要坚信自己的孩子能自信、自强、自立。

（四）社会方面

1. 加大宣传力度

我们呼吁政府和新闻媒体，加大对残疾人的宣传力度，改变人们的思想误区，关心、尊重、理解帮助残疾人，营造温暖、和谐的社会环境，让残疾朋友时时处处感到社会的温暖，消除心理障碍，形成健康人格。

2. 鼓励聋校打开校门，拓展生活的空间

特殊教育的最终目的，是让有缺陷的孩子走上社会，回归主流。因此，聋校应打开校门，大胆让聋生走出校门，走上社会，增加孩子与社会交往的机会，了解社会，熟悉社会，学会交往，适应现代社会生活，消除由封闭隔阂而产生的心理误区。因此，聋校可以带领聋生参加各种社会公益劳动和社会实践活动，帮助他人，为社会做好事，使学生在活动中受到心灵的安慰与激励，消除自卑感，增强向生活挑战的勇气。

总之，聋生的心理健康教育是一项复杂而又艰辛的劳动，是一项艰巨而长期的系统工程。我们相信，只要特教工作者重视聋生的心理健康教育问题，用真诚的关爱、百倍的努力和十足的信心，采取可行的措施，运用有效的方法，动之以情，晓之以理，导之以行，把心理健康教育工作落到实处，聋生的心理一定能向健康方向发展，成为残而不废的有用人才。

参考文献

[1] 王志教.聋童教育学 [M].北京：人民教育出版社，2000.

[2] 郭亨杰，宋月丽.心理学教程 [M].南京：南京师范大学出版社，1995.

[3] 邓文.聋哑学校聋生心理危机分析及干预探讨 [J].中国特殊教育，1997（4）.

情绪ABC理论在听障学生心理健康教育中的实践

梅州市特殊教育学校　曾梅平

在认知方面，由于听力损伤，听障学生靠视觉来获得信息，感知活动缺少声音的刺激和语言的参与，从外界获取的信息少、知识面窄，理解能力、表达能力和领悟能力也处于劣势，这些不足的能力严重影响了他们思维能力的发展。由于思维一般要通过语言来实现，听力损伤限制了直接和间接经验的获得。因此感知活动有局限性，听障学生对事物的认识往往流于表面，他们的思维也经常受到思维定式的消极影响，容易出现认知偏差。在情绪方面，听障学生容易情绪不稳定，心理承受能力差、多疑、缺乏自信，经常感到孤独，没有朋友，时常表现出沮丧、退缩和孤立的情绪。据相关调查表明，听障学生的心理健康水平显著低于正常学生，20%的听障学生有心理问题，具体表现为学习问题、人际关系问题、行为问题以及存在消极的心理状态。

许多听障学生经常会问"为什么听不见的人是我？是不是我做错了什么，老天爷才会让我的耳朵听不见？"从学生的提问中，我们可以意识到学生内心是接受不了耳朵听不见的事实的。如果学生长时间不接受自己不好的状态，久了容易产生自我责备和自我嫌弃，责备自己和嫌弃自己的本质就是攻击自己、伤害自己。如果不能修正学生的认知，长期下来，学生很容易因为错误的认知而产生扭曲的心理与人格。

埃利斯情绪ABC理论认为，激发事件A（activating event的第一个英文字母）只是引发情绪和行为后果C（consequence的第一个英文字母）的间接原因，而引起C的直接原因则是个体对激发事件A的认知和评价而产生的信念B（belief的第一个英文字母），即人的消极情绪和行为障碍结果（C），不是由于某一激发事件（A）直接引发的，而是由于经受这一事件的个体对它不正确的认知和评价所产生的错误信念（B）所直接引起。根据埃利斯情绪ABC理论，我们可以对这个问题做出分析。

埃利斯情绪ABC理论：

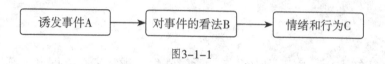

诱发事件A → 对事件的看法B → 情绪和行为C

图3-1-1

听障学生不接受听障的事实的心理分析：

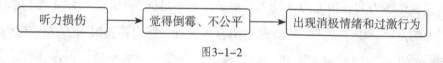

听力损伤 → 觉得倒霉、不公平 → 出现消极情绪和过激行为

图3-1-2

那么，我们该如何修正学生的认知呢？

一、有不完美的勇气，学会接受不好的状态

在认知上，我们要告诉学生世界上没有什么是完美的，每个人都是不完美的，每个人都有自己的缺点。帮助学生建立起不完美的认知，学生就能比较容易接纳自身缺陷。

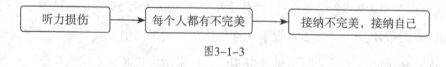

听力损伤 → 每个人都有不完美 → 接纳不完美，接纳自己

图3-1-3

不完美是人生的一种常态，每个人都会遇到不如意、不完美的时候。可以通过讲述心理学家阿德勒等名人的成长故事，让学生意识到就算处于不完美的状态，人也可以不被眼前的困境束缚，人是可以突破困境的。

2019年单考单招中，学生小A在北京联合大学的色彩考试中发挥失常，走出考场后失声痛哭，说"自己没发挥好，考不上了"。当学生接受不了考试不完美的结果的时候，我先是允许学生有不好的状态，让学生哭个够。当学生能安静下来时，再帮学生找出不合理的认知。

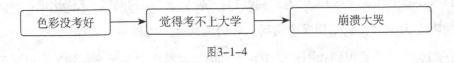

图3-1-4

当学生能认识到自己的不合理认知后，再与学生一起探讨"不完美是人生的一种常态，考不好也是人生的一种常态，我们不可能事事如意，只要尽力而为就好"。最后，小A感觉到老师接纳了自己的不完美状态后，慢慢平复了心情，也接纳了自己在考试中的不完美，及时调整了心态。随后小A在长春大学的单考单招中发挥出色，获得了长春大学的录取资格。

二、欢迎错误，把错误看作学习的机会

听障学生由于自身缺陷，特别在意尊严，内心敏感别人对自己的评价。害怕自己犯错后，别人会觉得自己是笨蛋，不被别人认可。为了维护自尊，即使犯了错误，也会编造各种理由来掩盖问题，这样的错误观念容易让学生消沉和沮丧。学生小B由于害怕被同学嘲笑，恐惧写错作业，于是经常不写作业；害怕画得丑被同学看不起，于是选择不练习美术……一个学期下来，小B在学习上的困难越来越多，慢慢失去了学习的信心。小B的学业不良的问题是这样产生的：

图3-1-5

当学生出现上述情况时，我们可以通过心理活动课、小组学习等帮助学生调整认知，让学生能意识到：错误不是无能的表现，错误是学习的机会。当学生不再害怕被同学嘲笑时，其内在本有的学习动力就会发挥作用，会愿意去尝试写作业、画画，学业不良的问题会因为练习的增加而得到改善，同时，学生也会在练习过程中获得相应的价值感和成就感。

学生小C担心自己考上大学后会找不到工作，打算放弃考大学。小C担心地问："老师，如果我考上了大学，万一大学毕业找不到工作怎么办？那我读大学就会浪费家里很多钱。"我没有直接回答小C的问题，反问小C："如果考上大学没找到工作是个错误，我们能从这个错误中学到什么呢？"小C仔细思考后，意识到找不到工作并不可怕，就算考上大学没找到工作也不要紧。我们可以从找工作面试失败中总结失败的教训，为下次的面试成功积累经验。

当学生被允许犯错时、周围人能接纳自己的错误时，内心就会感受到宽容和归属感，担心被人看不起的思想负担也卸下来了，更能专注于眼前。当学生把犯错误看作一个学习机会而不是什么坏事时，其实也是在学习承担错误，也就开始了成长。

三、先建立情感，再纠正行为

因听觉损失，语言发展迟缓，听障学生经常以情绪的外部表现作为交际工具。有些听障学生被老师批评时，特别容易跟老师产生误会，觉得老师在嫌弃自己、指责自己，感觉到被老师攻击了。在这种状态下，学生很难听进老师说的话，也很难进行有效沟通。

先建立情感，再纠正错误。当学生感觉到安全并且可以理性思考的时候，他们才能学习。有个低年级的学生经常偷同学东西吃，多次被老师批评，还是改变不了偷东西的行为。从表面上看，这个偷东西吃的同学有品行不好的问题。但是，经过深入了解后发现，这个同学家境贫穷，学校食堂饭菜又吃不饱，又在长身体阶段，到了晚上常常饿肚子，我就明白学生为何屡教不改了。我对学生说："其实，你也不想偷东西吃，只是太饿了，没办法才会去拿同学的零食吃的。"这个同学一听到我这么说，点点头，并表示他不是真的想偷东西，实在是太饿太馋了。我建议家长有空时寄些零食给学生，学生的不良行为随着饮食的改善而消失。当学生内心感受到老师的理解、温暖后，就愿意听老师的话了。没有一个学生喜欢做坏学生，学生会犯错误肯定是有原因的。通过尊重、接纳的方式，与学生建立了情感的连接。有了情感的基础，教育就不再是空洞的说教、讲道理。当教育有了温度后，教育才会起到应有的效果。

根据学生的实际情况灵活使用情绪ABC理论，不仅可以帮助学生修正错误认知、减少负面情绪，而且还可以让学生感受到尊重、理解，有效建立良好的师生关系，学生也在这个过程中获得了归属感，提升了价值感与心理健康水平，人格也得到相应的发展。

参考文献

[1]简·尼尔森.正面管教[M].王冰，译.北京：北京联合出版公司，2016.

[2]许晓霞，高惠华.中职生心理辅导[M].北京：中国人民大学出版社，2014.

[3]刘学兰.心理健康（中职）[M].广州：广东人民出版社，2018.

[4]简仲谦，胡菁，许淑端.听障中学生心理健康影响因素分析[J].绥化学院学报，2016（10）.

[5]罗莎.听障生的身份认同及其心理健康的关系[D].杭州师范大学，2011.

第二节　学科教学研究

在盲校义务教育新课标体系下的音乐教学思考

梅州市特殊教育学校　姚生平

《盲校义务教育课程设置实验方案》提出，"1—6年级音乐课每学年上课35周，每周两课时"，新教材的内容体系是以义务教育音乐教材为蓝本，以人文主题单元形式呈现。

视障学生由于视力缺陷，影响他们感知丰富多彩的事物，同时对他们的心理发展特征、学习方法、认知行为等带来许多消极影响。基于教育对象的特殊性，我认为视障学校的音乐教学既须符合普通儿童的身心发展规律和特点，又必须以特殊学生的群体特征为导向，尤其在近几年来全国视障教育新课程改革的背景下，我对自身教学技能上的专业性和前瞻性不断提出了更高要求。回顾九年的教学实践，我认为，视障课程的功能应从单纯注重传授知识转变为引导视障学生学会学习，注重通过各种手段激发视障学生潜能，弥补官能缺陷。尤为重要的是，强调在传授音乐知识的过程中潜移默化地培养学生正确的价值观、人生观和世界观，让音乐课堂成为视障学生快乐的源泉。

一、通过多种教学手段开发学生潜能，补偿视障学生的生理缺陷

新教材注重调动学生的多种感官，通过听觉、触觉及残余视觉，引导学生积极参与音乐活动，体验和理解音乐的感性特征与精神内涵。在部分唱歌和欣赏曲目的教学内容中，设置了声势和其他活动，让学生在音乐聆听、演奏、游戏、律动等过程中消除运动恐惧心理，提高空间感知能力，培养动作协调能力，促进学生身心健康发展。

教学提示中还明确要求："在老师指导下有节奏地练习声势动作并参与歌曲表现。"在这里，教材巧妙地渗透了通过音乐活动提高盲生听觉、动觉和身体协调能力的作用。

多年教学实践证明，由于视力所限，视障学生学习时常常插上想象的翅膀，通过提问的方式来探寻、感知世界。视障生的学习动机随意性较强，由此难以实现合理的学习目标和掌握系统的学习方法。考虑到教学环境与视障生的心理需求，从学生的身心发展出发，教师无论是在讲解，还是进行交流的过程中，都要抓住学生爱提问的学习契机，从学生具体的需求和生活实践入手，借助兼具教学性和个性化相结合的先进设备，如教学一体机、盲人阅读器、视障人士专用的触屏手机和收音机等，拓宽学生交流途径和学习策略，满足视障生的各类知识需求。

二、实施分层分类教学、关注学生个性需求

我国各地、各校及视力残疾学生个体差异较大。新教材贯彻"面向全体，注重个性发展""实施分层分类教学、关注学生个性需求"的课程理念。

视障学生生活较单调，信息来源闭塞，多种教学手段和工具助力我活跃课堂气氛、调动学生积极性，弥补了他们因视觉缺陷带来的学习障碍。新教材充分兼顾利用学生的听觉、触觉优势，鼓励和培养学生的音乐个性发展，也有效体现了课标中的"实施分层、分类教学，关注个性需求，推进实施个

别化教学"的理念要求，为教师把全体学生的普遍参与和发展不同个性有机结合起来提供参考。

梅州市特殊教育学校盲生只有三十多人，学段从小学到初中，年龄、素质、兴趣等个体差异很大。我们必须在注重面向全体的同时，也兼顾个体差异。为此，我把学校盲生分为器乐组和声乐组，再从器乐组中分出管乐组和键盘乐组，声乐组分成独唱组和合唱组，并针对盲生的特点，实施分层分类教学，加强示范，以技能技巧培养为主，同步进行音乐常识、音乐理论、音乐审美能力的培养，促进盲生全面提高。多年来，由于实施分层教学，尊重个体差异，有目标有针对地对盲生进行音乐教学，学校盲生音乐知识和音乐技能提升很快，参加全省残疾人文艺会演、全省特教学校文艺会演、盲人声乐器乐大赛，几乎所有节目都有获奖。

三、创设音乐场景，强化盲生的听觉训练

要弥补盲生接受面较狭窄的缺陷，就应让他们多听多感受，引导盲生进入情感体验，提高他们对音乐的欣赏和理解能力。在精心选择欣赏内容的基础上，我每次都同时定出合理的欣赏要求，并注意顾及盲生年龄特点。如在低年级的教学，可节选某些优秀曲目的内容或是一些简易的儿童器乐演奏曲，其知识性应以音准、时值、节拍强弱、速度快慢、乐曲基本情绪等为主；中高年级则在乐曲体裁、题材、形式、风格上有所突破。启发盲生借助语言、音响等手段展开联想，使盲生置身于音乐创造的情境中去感受乐曲的内涵，感受音乐的美。在欣赏乐曲，听取规范高端的器乐演奏的同时，也无形中就起到了范奏的作用，使盲生可以进一步提高对器乐的认识，也促进了他们的艺术表现力。接着让学生模仿演奏表现技能，就能在模仿中吸收，在吸收后创新。

视障学生大多数没有见到过真正的现实中的事物，只能依靠听的途径进行一系列的思考。课前，我利用网络对教学过程中的信息进行筛选、理解、思考和补充，以便学生从不同的视角和空间进行自我理解式的想象，甚至构

建超越现实生活的具体场景。如讲授笛子独奏曲《牧民新歌》时，我利用多媒体平台让学生聆听春天大自然的各种声音，再让低视学生通过读屏手机感知草原春天独特的颜色，富于诗意的草原牧场教学场景引导学生充分调动感觉器官，创设情境，把音乐课堂变成鲜艳活泼的自然乐园，谱写一曲动听的草原赞歌。

四、新教材的教学建议与思考

盲校音乐教学既要遵循音乐教学的普遍规律，也应该体现自身的特殊性，以视力残疾学生发展为本，尊重和满足学生的特殊需要，将音乐教学与矫正和康复训练等紧密联系起来。

一是要重视听觉能力训练。教师要从低年级开始就逐步培养学生的音乐听觉能力，包括音准、节奏、音色等的听辨能力。如音准方面，可从模唱开始，然后逐步让学生听辨单音、双音、和弦、短小旋律，循序渐进、螺旋式地提高难度。

二是要注重音乐实践，提高学生的感统能力。当学生听到新的乐器声音出现时，会迫不及待地去尝试感知其音色、材质、形状甚至温度、重量等，尝试怎样操作这些乐器。对于有音高的乐器，如键盘类、弹拨类、弦乐类等乐器。学生在学习的过程中，通过听觉辨识、反复比较等方法，发现音高不正确或不同的部位发出的音色不一样，他们自然会调整手指的距离，寻找到自己需要的音高或音色。

三是要重视空间运动能力培养。音乐学习不仅是耳朵和手指的事情，它会引起全身多个感官的反应，伴随着律动、舞蹈和歌唱及表演活动，要求人的耳、脑、四肢运动互相协调作用。例如在"小老鼠上灯台"的教学中，教师可根据内容创设情境，模拟小老鼠从下面爬上灯台，偷吃油下不来，最后从上面滚下来的动作，从而帮助学生建立"上中下，前后左右"的空间概念，也可以提高大脑反应的敏锐性，对补偿盲生缺陷和发展听觉优势具有积极的作用。

在视障音乐教学这块园地里耕耘已满九年，对这份事业的热情、追求一如当初。我认为从事视障音乐教学的教师首先要考虑到学生的特殊性，从多元适应的角度出发，给学生以身心双向的全方位影响，从学生的群体特征和个体差异考虑，给学生充分讨论和表现个体自我的机会，对学生表现的差异要及时进行思考，以促进其知识结构上的完善。同时，作为教师，应该灵活运用教材，充分挖掘音乐本体资源，通过游戏、聆听、歌唱、演奏、律动等音乐活动，培养学生的学习兴趣，提高其对情绪的控制力，促进学生身心全面、均衡、健康发展。

沉浸式教学在特校数学课堂中的应用探究

梅州市特殊教育学校　冯伟君

一、问题的提出

在特殊教育学校的数学课堂教学中，普遍存在特殊学生学习体验不足，学习感悟不深、学习兴趣不浓、学习参与度不高、学习效果不佳等问题，严重影响课堂教学效果。由于身心发展障碍，特殊儿童青少年参与社会活动的信心不足，参与机会相对较少，常常在活动中被边缘化，社会活动的参与度不够，使得他们的生活经验和社会经验相对匮乏，当学习充满生活气息的内容时，他们往往缺乏丰富的学习体验和深刻的学习感悟。特殊儿童青少年思维发展相对滞后，大部分停留在形象思维阶段，抽象思维发展十分缓慢，有些甚至无法发展到抽象思维阶段。思维发展的局限，使他们在学习上缺乏灵活性，给学习带来很大的困难。特殊儿童个体差异性较大，课堂上常常要采用分层教学和个别化教学，随着课程学习的推进，学习难度的加大，一些学生就会呈现定力不足、注意力分散、学习疲惫的状态，造成学生的课堂参与度不高。

二、沉浸式教学运用模式

沉浸式教学是指在课堂教学中，采用多种学习方法，借助技术媒介和丰富的资源，创造多种学习情境，使学生持续沉浸于某种情境中学习，获得丰富的学习体验与感悟。得益于科学技术的发展，这种教学模式发展到现在，已经可以通过虚拟现实（VR）技术创设仿真与即时反馈的环境，充分应用到更多领域的教学场景中，比如游戏、电影、医学等领域。开展沉浸式课堂教学，特教老师要从学生的生活经验、思维规律出发，充分掌握学情。通过创设教学情境，布置有启发性的思考问题、采用全面多样化的评价性语言来组织教学。营造宽松、融洽、活跃的教学氛围，激发学生"沉浸式"学习兴趣，使特殊学生持续沉浸于某种情境中学习，获得丰富的学习体验与感悟。在特殊学校的数学课堂教学中，教师可以积极开展"沉浸式"课堂教学实践，多渠道构建"沉浸式"数学课堂教学模式，创设多样化活动，丰富教学内容，让特殊学生能够充分体验到逼真的场景和教育现场，让特殊学生能够充分参与，从而提高课堂教学实效。

（一）开展"沉浸式"生活教学，提升特殊儿童生活素养

数学与生活相辅相成，有着紧密的联系。生活是数学的载体，是数学产生的基础。数学是生活的高度概括，是生活素材的抽象提炼。在特殊学校，生活数学更加贴近特殊儿童的生活，具有浓郁的生活气息，很多内容是特殊儿童生活场景的再现。在数学课堂引入特殊儿童的生活实践，基于特殊儿童的生活经验开展教学，打造生活化数学课堂，让数学教学沉浸于生活，带领特殊儿童在数学学习中体验生活、感悟生活，能够有效提高他们的生活能力，提升他们的生活素养。例如，教学"认识几时几分"，我们以特殊儿童一天的生活为主线，巧妙地设计了充满生活气息的教学环节。导入环节融入学生的早餐活动，新授环节融入学生的上课活动，练习环节融入学生的午餐午休活动，育人环节融入学生的阅读活动，作业环节融合学生的家庭活动。每个环节的教学内容都来自生活实践，与特殊儿童的生活深度融合，让学生沉浸于自身生

活，结合自身的生活经验与生活场景进行学习，带给学生丰富的学习体验和深刻的学习感悟，引导学生以生活为载体进行深度学习，提高课堂教学效果。

沉浸式生活课堂模式建构：

联系生活巧复习：
同学们，你们几点起床？几点吃早餐？几点放学？晚上几点上床睡觉？复习认识整时

引入生活巧复习：
引入特殊儿童在校用餐的生活实践，巧妙导入新课，激发学生的学习兴趣

融入生活巧探索：
以特殊儿童的学习活动为载体，开展生活化教学，感受数学与生活的紧密联系

结合生活巧练习：
结合学生在家校生活学习等场景，撷取生活中的数学素材，巧妙设计生活化联系活动

感悟生活巧育人：
运用多媒体技术、视频，带领学生理解时间"一去不返"的珍贵，引导学生在生活和学习中要珍惜时间

用于生活巧延伸：
布置作业，学以致用，让学生拨出学校或家庭生活中的关键时间点，延伸课堂

图3-2-1

（二）开展"沉浸式"故事教学，提高特殊儿童学习参与度

由于身心发展障碍，特殊儿童的学习能力相对较弱，抽象的数学学习对于他们来说是个巨大的挑战，让他们感觉到学习的困难。长时间的高难度学习，让特殊儿童较少能够感受到学习的乐趣，体会成功的喜悦。学习的难度与挫折，会让特殊儿童逐渐丧失学习的兴趣，降低他们学习的积极性和主动

性，从主观上降低他们的课堂参与度。教学中可以引入学生熟悉的故事，打造故事化数学课堂让数学教学沉浸于故事，激发特殊儿童学习兴趣，活跃课堂，提高课堂实效。例如，教学"4的乘法口诀"，我们把学生熟悉的故事形象维尼小熊和跳跳虎引入课堂，构建了维尼小熊和跳跳虎逛公园的故事框架，创新"寻找风车"的故事内容，让它们在逛公园的过程中，逐步完成相应的学习活动。整个课堂像是在讲一个有趣的故事，营造轻松愉悦的学习氛围，打造趣味性数学课堂，让特殊儿童始终保持较高的学习兴趣，吸引他们深度参与课堂，提高他们的课堂参与度。

沉浸式故事课堂模式建构：

游公园第一站：
早上，维尼小熊和跳跳虎来到公园，发现大树下有一个4叶风车，一共有几片风叶呢？引导学生思考，开展教学

游公园第二站：
它们继续往前走，来到假山旁，看到有两个4叶风车，一共有几片风叶呢？引导学生思考，开展教学

游公园第三站：
它们继续往前走，来到水池边，看到有三个4叶风车，一共有几片风叶呢？引导学生思考，开展教学

游公园第四站：
它们继续往前走，来到草地上，看到有四个4叶风车，一共有几片风叶呢？引导学生思考，开展教学

图3-2-2

（三）开展"沉浸式"实践教学，培养特殊儿童数学思维

数学知识的抽象性和数学思维的发散性，给特殊儿童的学习带来了很大的困难。特殊儿童的思维发展相对滞后，大多还停留在形象思维阶段，主要通过直观的形象与活动进行学习，抽象思维的发展非常缓慢，有些特殊儿童甚至无法发展出抽象思维。同时，由于身心发展障碍，特殊儿童还缺乏思

维的灵活性，他们思维渠道不够丰富，思维通道不够顺畅，思维方向单一固定，缺乏思维的双向性和发散性。因此，课堂上不仅要教会特殊儿童一定的数学知识，更要训练他们的数学思维，教师可以引导学生开展丰富多彩的数学实践活动，打造活动化数学课堂，通过直观的数学活动，引导特殊儿童的思维发展由形象思维向抽象思维过渡，促进特殊儿童抽象思维的发展，培养特殊儿童数学思维。例如，教学"平均分"，我们可以引导特殊学生开展分一分的活动，让他们把6个学具分到3个盘子中，要求每个盘子中要放同样多。同学们有的直接把6个学具两个两个放进每个盘子，有的每个盘子先放1个，然后再放1个。同样的活动，把8个学具放到4个盘子中、9个学具放到3个盘子中等。通过不同的方法分学具，但都保证每个盘子分的学具相同，两种分法即是两种思维，有效地促进了特殊儿童数学思维的发展。

沉浸式活动课堂教学实践：

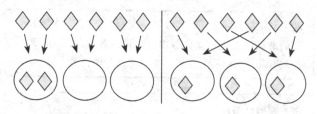

图3-2-3

（四）开展"沉浸式"情境教学，加深特殊儿童学习体验

情境教学是指在教学过程中，有目的地引入具有一定情绪色彩的情境，创设以形象为主体的生动具体的场景，帮助学生理解教材，激发学生的学习兴趣，丰富学生的学习体验，帮助学生树立积极的态度，促进学生心理机能的发展。

在特殊学校的数学课堂中。我们可以利用VR虚拟现实技术和"希沃"多媒体教学设备再现教学情境；我们可以根据教材与内容，精心创设学习情境，打造情境化数学课堂。通过情境创设，把抽象的数学内容形象化，把静态的数学知识动态化，把平面的数学教材立体化，构建"由实物到情境"——"由情境到实物"的情境化教学模式。例如，教学"认识方向"，教师通过教具制作，把教材内容立体地展示于课堂，创设立体化的教学情境和教学场景，让特殊孩子在情境中学习，理解"早晨起来，面向太阳，前面是东，后面是西，左面是北，右面是南"的内在含义。在第二课时，教师又带领学生来到实际生活场景，学习在不同场景中，如何准确辨认方向，给特殊儿童带来丰富的学习体验，加深学生的学习感悟。

沉浸式情境课堂模式构建：

由实物到情境：
通过教具，把操场、教学楼、升旗台、校门等实物立体化呈现于课堂，创设相应熟悉的教学情境

由情境到实物：
带领学生到实际场景中开展教学，学习辨认方向的不同方法与参照，丰富特殊儿童的学习体验

图3-2-4

（五）开展"沉浸式"交互教学，激发特殊儿童学习兴趣

在传统的特教数学课堂，大部分教师还采用老师讲、学生听的"填鸭式"教学方式。教师是课堂的主导，占据主体地位，学生只是课堂的被动参与者，缺乏学习的积极性和主动性。教学中，我们要充分发挥学生的主体地位，通过多媒体信息技术的应用，增加课堂的互动性，打造交互式数学课堂，让特殊儿童成为学习的主动参与者、积极探究者和深入思考者。例如，我们可以用希沃白板等教学软件，制作趣味分类、知识配对、分组竞争、判断对错、趣味选择、游戏活动等交互式学习活动，激发特殊儿童的学习兴趣，调动他们学习的主观能动性，让学生能够主动参与课堂。在教学"克与千克"这部分内容时，教师可设计"判断对错"的交互式学习活动；在教学"时、分、秒"这部分内容时，教师可设计"趣味配对"的交互式学习活动或类似"跑步比赛"等电子游戏让学生参与其中，都能有效地激发特殊儿童的学习兴趣，提高课堂教学效果。

三、结语

沉浸式教学模式让抽象的数学课堂变得形象而生动，充分调动学生多感官参与学习，大大提高特殊儿童的课堂参与度，激发特殊儿童学习兴趣。同时，沉浸式教学能够帮助学生缓解学习中的紧张、畏难情绪，让学生处于沉浸而幸福的状态中，以积极的情绪参与课堂学习，乐与交往，激发思维，从而获得了良好的学习体验，加深了特殊儿童学习感悟，提高了特殊学校数学课堂教学质量。

参考文献

［1］匡元娥.基于沉浸式具身学习模式的小学数学体验式教学策略研究［J］.天天爱科学（教学研究），2021（12）.

［2］陈洁.浸入式教学在小学中高年级数学课堂中的应用策略研究［J］.读写算，2019（14）.

［3］艾兴、李苇.基于具身认知的沉浸式教学：理论架构、本质特征与应用探索［J］.远程教育杂志，2021，39（5）.

［4］杨先锋.让生活走进课堂，给予沉浸式数学学习体验［J］.学周刊，2022（3）.

［5］李怡.沉浸式教学，打造课堂新样态［J］.教育家，2021（52）.

［6］邓猛，张玲，张瑶.高质量教育发展背景下我国特殊教育信息化建设的内涵、特征与方向［J］.中国特殊教育，2022（8）.

视障学生艺术教育的实践与探索

梅州市特殊教育学校　杨炜良

音乐是情感的表达，灵魂的体现。当学生对音乐产生强烈的共鸣时，就可以潜移默化地提高他们的道德情操和思想境界，心灵就可以得到美化。对视障学生而言，他们是一个特殊的群体，是祖国迟开的花朵，受自身障碍视觉缺陷的影响，他们在思维情感及语言沟通等方面的发展较为落后。而音乐属于艺术的一部分，可以有效帮助这些学生补偿视觉缺陷，扩充他们认知外界信息的通道，一定程度上促使他们在思维、情感等方面得到一定的发展。我21年的特教教育教学实践证明：音乐作为最具情感的艺术，在培养他们品德、智慧、情感及审美趣味上，有着不可替代的作用。下面就我从事特殊教育音乐工作中总结出来的经验谈谈我的几点看法。

一、借用现代技术，激发视障生学习兴趣

音乐是情感的艺术，教师可以充分利用现代信息技术手段，创造浓浓的音乐氛围。只有使视障生处在形象活泼的音乐氛围中，尽快进入音乐意境，去感受音乐的奥妙，才能受到良好的音乐熏陶，达到最佳的教学效果。优美的旋律，动心的节奏，诗化的意境，三者互通形成了音乐氛围特有的美感。而兴趣是学习的基本动力，也是视障生主动进行学习和研究的精神力量。音乐教学中教师合理地使用现代信息技术，在视障生最近发展区内设定相应教学目标，营造宽松的学习环境，有助于视障生音乐学习兴趣的激发和培养。特别是多媒体课件集众多教学手段的优点于一身，教师运用多媒体具有的视听和声像技术，可以突破传统音乐教学在时间、空间和地域上的限制，为视障生创设适当的情境，可在最短的时间内使视障生进入角色，达到多感官学习的效果。教师要尝试让他们"身临其境"地感受古今中外的风土人情和世间万象，如教"郊外去"这一课时，我会先让他们倾听，然后让他们对乐曲所传达的内容、意境等有整体的认识，充分发挥想象，最后让他们自由地谈谈自身感受。从视障生在课堂上点点滴滴的表现上看，多媒体既激发了视障生参与学习的兴趣，又使视障生的多种感官参与和体验，使他们在轻松、愉快的氛围中学习音乐知识，使课堂充满动感。它激活了音乐教材内容，丰富了视障生的情感认识，培养了视障生的学习兴趣，达到"闻其声，见其人"的效果。

二、发挥听觉特长，提高视障生听觉能力

音乐是一门听觉艺术，教师必须让学生充分通过听觉感知来实现其存在的价值。优美动人的旋律、高亢嘹亮的歌声，都会给人们带来美的享受，而视力上的缺陷，使视障生无法用眼睛来审视这个美丽的世界，听觉正是他们获得重要信息、补偿缺陷的主要手段，由于经常使用听觉信息通道，他们在听觉上要比正常学生灵敏，而且在某种程度上要超过正常学生好多倍。根据视障生听觉灵敏的特点，教师应该借着音乐课，充分开发和培养学生们的听觉能力。而音乐是听觉的艺术，音乐本身也是独具魅力的。它有一种奇异的感染人的力量，所以我们应该让视障学生经常倾听美好的音乐。这样不仅可以丰富视障学生的精神生活，陶冶他们的情操，而且可以提高视障学生的倾听能力，从而达到了补偿他们视觉缺陷的目的。我通过游戏教学法，经常在音乐课上带领学生们做有趣的听觉游戏，例如，辨声游戏、听觉选择游戏、听觉理解游戏、听觉记忆游戏等，通过这些训练使视障学生的听觉能力不断得到运用与加强。美好的音乐，不仅给视障学生提供了一幅气韵生动的"音响图画"，而且还培养了视障学生通过听觉来观察周围事物的好习惯，通过细微声响的变化，感知周围事物的能力，从而达到"以耳代目"的目的。

三、利用触觉特长，提高视障生学习效率

音乐是触觉的表达，教师可以指导学生学习乐器或通过触碰自身的发声器官等触觉通道来增强对外界信息的认知。人们对事物空间特性的认识和触觉分不开。触觉不仅可以帮助人们认识物体的软、硬、粗、细、轻、重等特性，而且通过同其他感觉联合起来，还能够帮助人们认识物体的大小和形状。触觉是视障儿童获得经验与知识的重要感觉。视障学生的触觉相当敏感，视障学生触觉的敏锐度能帮助视障学生认知到事物的许多特征，还可以通过触觉来感知发音体的震动、发音器官的样式形态、演唱和演奏的技巧甚至表情等。因此，将这一特长充分运用在视障学生的音乐教学中是很必要

的。比如在古筝教学中，我在对视障学生进行手型训练时，要在古筝琴弦上先做好手型，然后让学生触摸教师的手掌来感受手的形态，通过触摸的感受再自己去做，这样反复多练习基本就能掌握要领；练习掌关节的动作时，手指根关节运动的过程也要让学生触摸教师的手掌、手指的动作，然后教师再手把手帮助学生练习这样的动作。腕关节、手臂、肩膀的动作以及有一些演奏上的快四点练习、八度撮练习、琶音练习等以及音乐表演中的力度处理如强、弱、渐强、渐弱等也要通过触摸来学习。通过触觉方式学习，不仅能够提高视障学生的学习效率，还使他们掌握认知事物的正确触摸方法，培养了他们通过触摸细心观察的习惯，从而感知一些事物的细微变化以及特点，这样给视障学生今后的学习和生活打下坚固的基础，真正做到了"以手代目"。

另外，我觉得培养视障生对音乐课程的兴趣也尤为重要，音乐教师是"美的传播者"，要让学生对音乐教师的课程感兴趣，与教师个人的人格魅力和课程质量密不可分。首先，音乐教师应具备过硬的专业知识和纯熟的技巧技能，在教学的同时，还要善于表现自己的专业水平，展现知识技能，完善理论与实践的有机结合。但是，一定要注意有的度的把握，不要把自己的展现变成表演，要是这样，就把教学的真正目的舍弃了。其次还要具备与音乐有关的知识技能，比如，文学、哲学、心理、历史、地理等。总之，在教学中，要让学生能够被自己丰富的知识和过硬的技能折服。

多年来，通过师生共同努力，我辅导的视障生在参加全国、省、市的各种文艺演出比赛中曾获得多项奖励。如在2010年全省特殊学校文艺比赛中，林雄辉、林少伟、林立文同学获得器乐类一、二等奖，同年选送参加全国文艺演出比赛中获三等奖和优秀奖。

多年的特教工作经验告诉我：作为一名特校音乐教师，不仅要有驾驭课堂的能力，还要培养他们感受音乐、理解音乐、表现音乐的能力，促使他们沿着良性发展的轨道健康成长。而激发学生学习音乐兴趣的方法是多种多样的，只有重视音乐兴趣的培养，才能顺利地、很好地完成音乐教学任务，才能真正使学生感受美、体现美，在艺术空间中尽情翱翔、驰骋！

微课在盲校语文教学中的优势

梅州市特殊教育学校　曾苑

微课是指基于教学设计思想，使用多媒体技术在五到十分钟就一个知识点进行针对性讲解的一段音频或视频。在教育教学中，微课所讲授的内容呈"点"状、碎片化，这些知识点，可以是教材解读、题型精讲、考点归纳；也可以是方法传授、教学经验等技能方面的知识讲解和展示。以往的教学方式是"以教师为中心"，学生只是被动地接受，而新课程则要求"构建自主、开放、探究的学习方式"。新课程认为"教学是学生、教师、文本之间的对话的过程"。在这些富有时代特征、与时俱进的教学理念下，教师要运用科学的教学方法，营造出充满生命活力的课堂氛围，以达到有效的学习效果。微课的运用就符合这个特点，教师设计与教学主题相关的教学内容，将知识的重点、难点、疑点通过微课来解答，让学生在直观下理解知识、享受知识。而盲校的学生由于视觉障碍，社会知识和生活知识都相对贫乏，他们获取知识的途径多是通过听觉来获取，微课是课堂教学的有效补充形式，它在语文教学中对视障学生有着重要的优势。

一、利用微课，提高视障学生自学能力

课堂教学过程中教师起主导作用，学生是学习的主体。教师要在课堂教学中发挥主导作用，首先应体现在能否最大限度地引导学生参与教学全过程。自学是发挥学生智力的一条有效途径，只有课堂教学充分培养起学生自学的习惯，打好了自学的基础，通过学生自身智力活动的内化，这种特殊的

认识活动，才能使学生加深对知识的理解和掌握，促进学生智能的发展。

在盲校语文教学中，预习新知能够充分培养视障学生的自学能力。学生根据微课中提供的阅读材料了解文章的背景或是作者、主人公的资料信息，初步感知文章写作的时间背景或作者写作的心态，然后依据微课中提出的预习要求去初读课文，读准字词、读通长难句，观看微课获知新词语的意思，带着微课中提出的问题再读课文，归纳概括每段的段落大意，了解课文的事情经过，划分文章段落，感知课文的中心意思。

通过微课层层递进的预习任务，让学生主动参与学习，一步一步去解决学习问题，逐步地去感知课文中心思想，在这一过程中培养了视障学生主动获取信息、分析与处理信息的能力，提高了视障学生的自主学习能力。

二、利用微课，帮助视障学生突破难点

传统盲校语文教学课堂中，教师依据教学目标及教学重难点展开教学，但有可能会因为课堂突发情况或是学生注意力不集中、注意力转移而偏离重难点教学。微课主要是为了突出课堂教学中某个学科知识点（如教学中的重点、难点、疑点内容）的教学，或是反映课堂中某个教学环节、教学主题的教与学活动，内容精简、主题突出，有利于学习重难点的攻克。

教学难点的突破是教学的重要抓手，但是教学难点学生在课堂学习中并非能全部理解，这就需要巩固加强。针对视障学生语文学习方面的难点，微课可以帮助学生进一步听取教师的详细讲解与深入分析。这样可以拓展学生的思维、强化理解效果，能较好地帮助视障学生突破学习难点。例如，文言文的学习是视障学生公认的难点，微课"文言文学习六要"就立足于文言文教学的目标以及学生学习的技巧等方面进行详细分析，帮助视障学生梳理学好文言文的技巧，要求学生心到、眼到、口到。在文言文学习中抓住五个学习技巧：一是分层背诵法，在翻译全文的基础上进行分层，理清思路进行分层背诵，避免死记硬背，实现快乐背诵；二是思考提问法，在预习基础上筛选出难点内容，自己给自己提出问题并尝试去解决，通过这样重点突出的学

习方法解决问题；三是语意推断法，指导学生联系上下文、结合语言环境以及联系所学知识进行语意的分析推断；四是对应翻译法，对照注释，查找工具书，运用增补、调配的方式将文言文的翻译落到实处；五是归类积累法，指导学生备好笔记，经常进行文言文学习的归纳、比较以及积累，提高文言文字词分析能力。视障学生经常通过微课进行补课，可以轻松突破学习中的难点。

三、利用微课，丰富视障学生课外知识

教材所学的内容有限，语文课堂要注重课堂外的延伸，及时给学生补充与所学内容相关的课外知识，开阔学生的眼界。通过微视频，以优美的画面、舒缓的音乐加以动听的讲解，一下子抓住低视学生的眼球，特别是全盲学生的听觉，让学生兴致勃勃地接受新鲜知识。

比如在教授二年级上册《秋天的声音》一课时，当学生通过课文了解了秋天的天气、景色及与动物相关的知识，再播放秋天的简介微视频，让学生身临其境，在画卷般的秋景中畅游，一面欣赏着景色，一面聆听各种秋天的声音，让学生在潜移默化中增长课外知识。

在教授成语的过程中，利用微课能达到事半功倍的效果。例如一年级下册学习成语"精卫填海""愚公移山"，一年级的小学生对古老的神话故事所知甚少，教师播放这两个神话故事由来及寓意的微视频，让学生沉浸在欢乐的神话故事中，自觉地体会到精卫和愚公身上的那种不怕困难、坚持不懈的品质，在此基础上，教师讲解在古代神话中还有许多人物具有这种品质，在学生自由发言的基础上，播放微视频中事先准备好的相关视频或是图片，放映给学生欣赏，让他们在掌握本课知识点的同时，获取丰富的课外知识，拓宽学生的知识面，让课堂不再枯燥乏味，让学生在快乐中学习成长。

四、利用微课，提高视障学生的朗读水平

在盲校语文教学中，教师应当更多地让学生去朗读课文，因为有效合

理的朗读可以在一定程度上提高学生自身的修养，开阔学生的视野，增长见识，还可以净化学生的心灵，陶冶情操，使心情保持愉快，一定时间的朗读还可以增加学生的词汇量，在大脑里形成一个词库，使学生方便灵活地运用所学到的词汇。而且学生在朗读课文的过程中，复习了上课时所学的知识，增加对知识点的记忆度，加深印象，学生通过朗读，把无声的书面知识转化为有声的语言知识，致使眼睛、嘴巴、耳朵、大脑共同合作一起完成朗读，使思维变得活跃，从而更好、更有效地记住课文，掌握更多的语文知识。语文教学所谓的"亮点"，首先应该在朗读上。因此，在盲校语文教学中，教师应该时常督促学生多朗读，最好是能够用普通话对课文进行流利的朗读。在朗读中学生会对课文的整体知识有一个较为完整的理解，同时在朗读中培养了对语文学习的感情，也深深被语文的内涵熏陶，提高自身的修养。在此，教师可以充分借助微课给学生提供一些经典的朗读，使学生的朗读更准确、标准，更深刻地理解语文课文内容里的感情，提高学生的学习效率。

综上所述，微课在盲校语文教学中有着明显的优势，能够有效提高语文教学的质量和效益。因此，盲校教师在语文课程的开发上应重视微课，捕捉恰当有效的教学点，利用课外知识拓展、自主质疑探究等方法或途径，制作深入浅出、浅显的微课，结合课堂教学的有效时机，使学生真正走进微课的学习，真正发挥微课的优势，促进和提升课堂教学效益的最大化。

参考文献

［1］叶和明. 微课在小学语文教学中的应用研究［J］. 新课程学习（上），2015（1）.

信息技术在小学美术教学中的运用

梅州市特殊教育学校　杨剑平

新世纪科学技术的快速发展，直接导致现代教育教学发展的无穷变化，新世纪科学技术对教学的影响是显而易见的。现在我们教学已受到网络、各种多媒体等的极大冲击，在以电子多媒体为代表的现代化媒体出现在课堂教学的今天，教学理念的现代化、教学方法的现代化与人的发展同时面临着巨大的挑战。正是这样，处于信息时代的小学美术教学必须发展，必须与信息时代同步。

一、信息时代下的美术教学

如今，信息技术已经迅速融入当代社会各个领域。这种信息技术突飞猛进的发展不仅对人们的生产方式和生活方式带来巨大的变化，对人的素质也提出了越来越高的要求，信息技术这一特殊的时代产物，它在小学美术课堂教学中应该具有一定的运用地位。它充分体现信息时代的特点。作为一种教育学科，美术课堂学习的程序和方法是丰富的，结果也是多样的，难以用简单的正误加以评价。作为教师应该探究思考：信息与学生、信息与教学、信息与教学程序和方法等方面的问题。在现在的美术教学中采用科学的、适应社会需要的和学生发展的教学方法，促进学生与信息时代共同发展。

小学生的美术学习主要是对生活的实际感受。而现代飞速的发展，作为小学美术教学与现代生活的实际是否联系密切，是否脱离了现实生活在"教"学生所谓的创作呢？我们要把现代美术课堂教学与学生所处的现代时代联系起来，尽可能以生动的内容和有趣的方式，激发学生对生活的热情和美术兴趣，通过美术课堂教学培养和发展学生的高尚情感，疏导和排除不良情绪和情感，让学生感受时代气息，体会信息时代的精神。

二、让现代教育技术走进美术课堂

1. 美术教学需要发展

新世纪的学校、教师、学生需要发展，新世纪的小学教学需要完成其"使命就是'为发展而教学'"的教学。学校需要发展。作为美术教师也应该具备"为发展而教学"的能力，它包括以下几方面：第一，具有在纷繁复杂的信息中，选择和获取有效信息的能力。第二，更新教育观念，具有引导和研究学生的能力。第三，具有培养学生良好的社会适应性的能力。第四，具有科研和创新能力，富有教育机制。而学生则应该具备适应信息时代的准备。

2. 存在问题

我们知道，媒体的优化不等于教学的优化。现代教育技术运用于教学与一般传统的课堂教学，其最大区别在于前者引进了现代教学信息媒体，使教学环境发生了变化，并由此带来了教学方式和方法的变化，这是对传统的教学的挑战。然而在美术教学中虽然开始应用，但面不广、不成熟。在美术教学中技术服务没有体现唯一性（美术教学中把现代教育技术停留在替代黑板、图片、幻灯等教学辅助手段上，而没有充分体现现代教育技术信息化、数字化的作用）。在美术教学中教师操作不得心应手，有为操作而操作现象，出现媒体使用与教学不合拍，导致教学的不成功等。在美术教学设计中缺乏体现现代教育技术应用的过程。我们已经发现了这些问题，就会在今后的教学中避免它们，探索的路途是艰辛的、反复的，又是充满希望的。只要我们每一位美术教师能不断探索，在小学美术教学领域寻找适应新形势的教学环境和教学方法，由传统的教育观念、教学方法和手段向现代教育的理念、教学方法和手段的发展的过程，在社会发展要求下的小学美术课堂教学将变得信息化、数字化、现代化。

3. 探究技术，活跃教学

在课堂教学中有效地运用多媒体进行教学，它们形象、鲜明、生动，又信息量大，且节约教学时间，不仅启发学生创造性思维，而且为学生创造性实践提供了时空保障。如，在教五年级美术课"人物面具"一课时，我运用Powerpoint制作了多媒体课件进行教学，把教学的重点、难点分解在教学的过程中，让学生清晰地认识人物面具的特点。通过多媒体的运用把原来两课时的教学任务在一课时中顺利地完成，大大提高了教学的效率。在一段时间的尝试下我体会到：

（1）多媒体的选择要适当，有的放矢；

（2）选择要适量，优化组合；

（3）选择要适时，恰到好处。

由此可见，现代教育技术正以其特殊的作用推动着美术教学的发展，让教师和学生在美术教与学中得到互动，使教学充满信息时代的气息。

三、让美术教学用上丰富的信息资源

现代教育技术的应用是当今教学热点，但坚持在日常教学中有效应用又是一个难点，因为今天教学软件开发起步不久，教师对现代化教学技术手段的掌握（尤其是课件开发技术）开始不久。教师要学习、要制作、要准备和操作都要花大量的时间和精力，但在教学实践上我体会到这些时间、精力花得值得，我不仅提高了自己教学的质量效益，更为美术教学积累了教学资料，可成为众多教师的参考和应用材料。教师用现代教育技术所形成教育的现代氛围，还对学生开阔眼界，确立现代化意识，参与现代化教学实践有促进作用，从侧面，甚至从根本上激发了学生主动学习、创造作品的欲望，为创新实践能力培养提供了积极的促进条件。

在美术教学走向"信息时代"美术教学的今天，作为一位美术教师对美术教学发展的点滴做出思考和在课堂教学实践中做出粗浅的探索，并努力为学生的发展创造有利的教学环境，培养学生健康、高尚的审美情趣，提升他们的艺术修养，使他们发展成为信息时代的一群生力军。小学美术的教学在不远的将来一定会有大的改变与提高，让我们为小学美术教育做出应有的贡献吧！

参考文献

［1］中华人民共和国国家教育委员会.九年义务教育全日制小学美术教学大纲（试用修订版）［M］.北京：人民教育出版社，2000.

［2］教育部基础教育司组织.全日制义务教育美术课程标准解读［M］.北京：北京师范大学出版社，2002.

［3］王宏建.艺术概论［M］.北京：文化艺术出版社，2003.

［4］东莞市教育局教研室，东莞市美术书法教育研究会.新课程 新理念 新起点——东莞市美术课程改革实验与探索［M］.长沙：湖南美术出版社，2003.

［5］王福友.面对发展的未来而教育——适应新世纪的教育理论［J］.教育理论与实践，2001（7）.

基于语文核心素养的聋校高中语文教材的选择与使用

梅州市特殊教育学校 陈泓如

聋校高中语文教材，是指目前各地聋校高中部根据语文教学的实际需要，自行将普通初高中语文教材内容纳入选编范围，在一定知识体系和教学标准下，教师和学生所使用的语文教学材料。语文作为聋校基础性课程，是聋校教学的核心任务，对聋生全科学习和社会交往起着举足轻重的作用。然而，聋校高中语文教材的编制与建设却由于各种原因一直处于徘徊之中，高中阶段缺乏统一的语文课程标准和教材，各聋校对此多采用三种形式进行教材选择：①降低学段难度，选择普通学校教材；②使用全国聋校统编教材；③普校教材与聋校教材交叉使用，在此基础上开发校本教材。

以上三种形式导致聋校高中语文教学存在不少弊端：缺乏系统性和科学性，教学效果欠佳甚至极其低下；普通学校语文教材的编制，无论从育人标准还是教学方法来看，都不甚符合聋生的认知特点和发展规律，无法满足聋生在语文学习方面的特殊需求。

根据我对2022年4月国家教育部颁布的《义务教育语文课程标准（2022年版）》及《聋校义务教育语文课程标准（2016年版）》的仔细研读，在聋校语文核心素养概念的指导下，结合当前聋校高中语文教材选择及使用中存在的问题，和我多年来从事聋校高中语文教学的经验，总结出聋校高中语文教材选择与使用的若干原则，并以实例阐释如何对聋校语文教材进行选择与使用，以期进一步丰富与充实聋校高中语文教学策略，为一线教师提供教学实践的借鉴与参考。

一、聋校语文核心素养的界定

要对聋校语文核心素养进行界定，首先需关注普通义务教育中对语文核心素养的阐释。2022年4月，国家教育部颁布的《义务教育语文课程标准（2022年版）》中指出，"义务教育语文课程培养的核心素养是学生在积极的语文实践活动中积累、建构并在真实的语言运用情境中表现出来的，是文化自信和语言运用、思维能力、审美创造的综合体现"。根据以上定义，结合聋校高中语文教学实际及学生特点，我认为，聋校语文核心素养应包括聋生适应生活与终身发展的必备语文知识和关键语文能力。"必备语文知识"指语文基础知识；"关键语文能力"指对语言文字的阅读、理解、运用、评价、交往、审美等多方面的能力。

二、选用聋校高中语文教材的依据与原则

1. 选用依据

第一，结合《义务教育语文课程标准（2022年版）》《普通高中语文课程标准（2017年版2020年修订）》和《聋校义务教育语文课程标准（2016年版）》，根据学生实际学习能力和需求选编教材。

首先，基于"听觉障碍儿童的语文能力水平比健听儿童一般低三个年级"的研究结论，高中阶段的聋生，约处于健听学生七年级至高一年级的水平。解读《义务教育语文课程标准（2022年版）》中对第四学段（七年级至九年级）的学习能力要求，明确指出该学段学生应具备阅读"最常见的实用型、较强的实用性功能文章"，即"说明性文章"的能力。其次，听觉障碍高中生的语文学习能力应达到《聋校义务教育语文课程标准（2016年版）》中对初中段聋生总体目标的要求，标准明确指出聋校教师要"选择更多的实用类、叙事性等应用性强的文本给聋生阅读""培养学生实用类文本的阅读理解能力"。

第二，我对近十年来国内开设聋人单考单招的各大高校公布的语文考试大纲及高考真题进行统计分析，发现北京联合大学、吉林长春大学、天津理工大学、重庆师范大学、黑龙江绥化学院都考查聋生阅读"一般社会科学类、自然科学类文章"方面的能力。

以上两点，为聋校高中语文阅读教材的选编提供了较为科学且明晰的范围。

2. 选用原则

第一，工具性与人文性相结合。聋校高中语文作为一门基础性的人文应用学科，具有其自身的社会性和实践性，它是一种语言训练工具和人文教育过程的综合体，高中阶段的语文教材选用也应实现语文学科工具性与人文性的统一。现阶段，聋校高中语文教学多注重学科工具性的落实，随着越来越多的聋生升入高中乃至大学，不少特殊教育学校将高考升学率作为重要的

考核指标，聋生学习语文的人文价值常常被忽视，高中语文教材中体现的对人、社会、自然的朴素情感也随着大量的书写练习而湮没。

第二，挖掘潜能与缺陷补偿相结合。当前，由于全国各地特殊教育发展水平不一，不少聋校高中语文专业教师相对稀缺，既经过专业语文学科教学培训，又精通特殊教育手语表达，了解聋生心理生理发展特点的专业型教师更是少之又少。大部分聋校语文教材的选择，多以缺陷补偿为导向，首要出发点是对聋生的听力缺陷进行补偿，通过手语教学，让高中阶段的聋生掌握一定的书面语和手语转化模式与技能，但并未从学科思维上对该阶段聋生的语文学习进行有意识的训练。我认为，在聋校高中语文的选编和使用过程中，应从积极方面多考虑聋生潜能发展的可能性，挖掘其视觉认知优势，发挥其画面或动作记忆特长，依据个别化教育计划为学生多选择适合游戏化、活动化、生活化的语文教材。例如小说或戏剧文本，更适合高中阶段的聋生阅读后，将自己对文中人物和社会背景的理解通过手语、体态语及口语等多种语言综合表现出来，达到聋校语文课标中多语言正确转换的培养目标。

第三，个人需求与社会需求相结合。高中阶段的聋生，其个人情意与认知的需求，异于初中阶段，与普通高中阶段的学生较为接近。这个阶段的语文教学，应更多投注于学生内在情感和自我理想表达，因此教材的选择也可多从激发学生内驱动力、树立人生理想、实现自我价值的角度出发，选择一些学生感同身受的学习材料。对于难度较高、日常应用较少的文言文或外国散文，可删繁就简，不纳入教学范围。此外，高中阶段聋生的培养标准，也应着眼于将来社会对其表达、交往和沟通能力的要求，将正确书写求职信、说明书、借款条、合同等文体列入语文教材中。

三、选择与使用教材举例

聋校高中语文教材的选择与应用，应基于上述两个依据及三个原则，凸显语文学科文化自信、语言运用、思维能力、审美创造的核心素养，即聋校必备语文知识和关键语文能力两大核心素养，在教与学的互动中达到良好的育人目标。

第一，凸显语文要素，夯实语言基础是聋校高中学生语言要素的习得，需要语文教师紧紧抓住语文学科的工具性本质，不断加强语言实践，夯实语言基础。依靠语文教学文本，紧紧把握语文要素，进行针对性的语言训练，对于聋生关键语文能力的形成与发展显得尤为必要。

第二，品析文本对话，挖掘人文内涵。被选入聋校高中语文的教材，必须贴近聋生日常生活，能激发其情感共鸣，包含丰富的道德内涵和人文色彩，蕴含深厚的文化积淀，彰显语文学科人文性的学科本质，充分发挥语文在育人铸魂方面的优势，把优秀的传统文化和良好的思想道德风尚等人文教育内容融入文本教学中，潜移默化地影响聋生。语文教材中对人文内涵的体现是内隐的、自然的、浸润的，需要聋校教师引导学生合理开发、深入挖掘、细致点拨、认真品味。

第三，突破认知困境，培养思维能力。高中阶段是聋生由单一线性思维到抽象逻辑思维快速发展和稳定形成的关键期，聋校高中语文教师要抓住这一时期，依托语文教材，引导学生突破逻辑困境，注重培养学生的思维能力。在对语文教材进行教与学的过程中，注重学生认知能力、学习能力、思维能力、表达能力的培养和训练，聚焦语文核心素养的提升。

基于聋校语文核心素养理念，选取、编写和使用的高中语文教材，彰显了语文学科工具性与人文性的基本属性，为全科学习打下坚实基础，切实满足聋生个人发展需求，符合社会发展对高中聋生综合素质的要求，优化聋校高中语文教学效果，值得聋教育者不断尝试与探索。

参考文献：

[1] 高磊，兰继军，王疆娜. 聋校语文校本教材开发的探索 [J]. 中国特殊教育，2010（8）.

[2] 张茂林，杜晓新. 听力障碍学生阅读策略研究概述 [J]. 中国特殊教育，2011（7）.

［3］王小晨.基于核心素养的聋校语文大单元教学探析——以新教材四年级上册"观察"单元为例［J］.现代特殊教育，2022（5）.

［4］常志丹.聋校第二学段语文新教材中的语文要素分析［J］.现代特殊教育，2022（3）.

［5］许艳丽.聚焦核心素养　构建聋校活力课堂［J］.绥化学院学报，2022，42（1）.

［6］邱麟，熊瑶.基于核心素养的聋校中学语文微课开发探究［J］.教育信息技术，2022（Z1）.

［7］刘琴，王振洲.基于学科核心素养的聋校语文学业评价的设计［J］.现代特殊教育，2020（18）.

［8］刘琴.指向核心素养的聋校语文教学目标制定［J］.现代特殊教育，2020（6）.

［9］张谢莉.关于聋校高中语文校本教材开发的思考［J］.现代特殊教育，2015（18）.

多媒体信息技术下的聋校数学课堂教学

梅州市特殊教育学校　杨甲良

聋生由于受到听力残障的影响，他们获取知识的途径较为狭隘，往往拘泥于直接经验，这就意味着聋生在学习数学的过程中，很大程度上要依赖于直观、具体的学习内容和方式。根据这一特点，教师在数学教学过程中，要尽量地使用直观教学手段和方式，为聋生提供将已有经验应用于数学学习中的机会，使学习内容与学生已有的直接经验之间建立必然的联系。多媒体信息技术是从根本上改变聋生学习数学方式的重要途径之一，教师要充分应用，创设良好的教学情境，加深聋生的感观刺激，使聋生有身临其境之感，牢牢地抓住聋生的注意力，激发他们的学习兴趣。

一、合理运用多媒体信息技术，创设学习情境，提高学习兴趣

兴趣是学生获取知识、拓宽眼界、丰富心理活动的最主要的推动力。但是数学本身比较枯燥、抽象。聋生对课本兴趣淡薄，加上自控力差、注意力容易分散、无法长时间专注同一事物的特点，那么教师在课堂教学中如何激发学生的兴趣尤为重要。多媒体信息技术手段可以为聋生创设一个利于多种感官参与的学习环境，激发学生的求知欲和学习兴趣，让学生在动态变化中感受数学的美妙。

例如，在教学"圆的周长"这一课时，我利用了多媒体课件具有鲜艳的色彩、动态的画面、直观的形象等特点，精心设计了多媒体课件来揭示"圆的周长"的概念。课件中，我设计了一红一黄两辆跑车，用它们的行驶轨迹来揭示周长。演示两辆跑车分别沿正方形和圆形的路线行驶，黄色跑车沿正方形行驶一周，所行的路程实际是正方形的周长，那么红色跑车沿圆形行驶一周，所行的路程实际上是什么呢？什么叫圆的周长呢？通过了多媒体课件，色彩鲜艳、生动形象的画面一下子就吸引了聋生的注意力，激发了学习的兴趣，再利用直观形象的演示，使聋生由正方形周长的概念推进圆周长的概念，以旧引新，解决了聋生理解上的困难。

二、合理运用多媒体信息技术，突出教学难点，化难为易

多媒体教学通常采用的是"课件+讲稿"的方式，把一些形象直观、动态演示等其他教学手段无法比拟的功能，形象地呈现事物的现象，具体地表达事物发展的过程，生动地揭示事物变化的规律，使抽象的知识转化为一定的物质形态，变得形象具体、生动活泼，能有效地淡化难点。

例如，在教学"长方体和正方体的表面积"时，我在屏幕上显示出一个长方体图形，然后闪烁长方体的前面和后面（同一颜色），让学生说出如何

计算前后两个面的面积。学生回答后，再依次闪烁上下两面和左右两面（分别用不同于前后两面的颜色），让学生分别说出面积的计算方法。在此基础上，学生很容易概括出长方体表面积的计算方法。由于利用多媒体教学，使屏幕上的立体图形得到分解和组合，六个面用不同的颜色显示，不仅帮助学生建立起一定的空间观念，而且较好地突破了教学难点，帮助学生掌握了长方体表面积的计算方法。

三、合理运用多媒体信息技术培养聋生的审美能力

在教学中，不仅要培养学生听、说、读、写、算的能力，更要培养学生高尚的审美情趣、健康的审美观点，引导学生感受美、欣赏美。多媒体不仅可以把数学教材中的各种美的因素（形象美、意境美、语言美等）直观地再现出来，而且往往比教材的描述更鲜明、更强烈、更集中，加上多媒体教学特有的构图美、色彩美、动态美等因素，可构建至真至美的意境，加快美的信息速度，加大美的信息容量，使学生在潜移默化中受到美的熏陶和感染。

在教学"轴对称图形"这一节课时，首先让学生欣赏判断世界各国的国旗，这不仅开阔了学生知识面，又通过设计的悬念，激发了学生强烈的求知欲。我有意识地进行开放性的训练，让学生在操作探索中来学习新知，了解轴对称图形的特点。在学生掌握了轴对称图形的特征后，为了拓宽学生的知识面，也想更加体现数学生活化，让学生真实感受数学源于生活，又用于生活，在生活中处处都藏着数学知识，只要善于观察，积极思考，就会发现数学就在身边，我又精心设计了一组图画让学生欣赏。通过欣赏中国的建筑，中国的民间艺术品如剪纸、京剧脸谱等，让学生充分感受对称的美，同时也感受到作为中国人的骄傲。这节数学课学生不仅掌握了知识，还受到了美的教育。

四、合理运用多媒体信息技术补偿聋生的语言能力

聋校的数学教学需要加强语言教学，但数学课上的语言教学与语文课上的语言教学的侧重点应有所不同，我们可从聋生的实际和教学需要出发，想

方设法利用多媒体课件去采取必要语言教学措施。聋生由于先天不足或后天意外导致部分或全部语言和听力能力丧失。为了补偿他们在听觉上的障碍，视觉的观察力和头脑的分析能力得到加强，我们在利用现代多媒体技术手段进行教学时应该特别注意体现补偿性原则，在聋生教学中更多地运用表现实景的影音文件以及生动、略带夸张的动画和丰富多彩的图片，形象、真实地突出教学的重点和难点。在教学中对于用语言（手语）不能表达清楚，而又非常重要的知识点，可利用教学软件等手段来完成，既避免了烦琐的、无效的语言教学，又使学生利用视觉直观地获得所学内容的信息，从感性上对新知识有了认识，攻克语言障碍这一难点。因此说现代教育技术手段让补偿性原则在教学中应用得更加充分和合理。

数学教学是一门艺术，它充满着创造性和挑战性，我们要运用多媒体信息技术，用教学本身的魅力去感染学生，根据聋生的年龄特点和认知发展水平，努力改变教学内容的呈现方式和学生的学习方式，巧妙地运用多媒体信息技术进行教学，把适合教师讲解的内容尽可能地变成适合学生探讨研究问题的素材。巧妙地运用多媒体信息技术进行教学，尽可能给学生多一点思考的时间，多一点活动的余地，多一点表现自己的机会，多一点体验成功的愉悦，让学生自始至终参与到知识形成的全过程中来，使学生成为数学学习的主人。

参考文献

［1］沈光元.运用多媒体教学培养学生创新能力［J］.教育信息技术，2003（8）.

［2］康逸芸.媒体组合教学体现完美效果［J］.小学数学教师，2002（1）.

［3］周光海.巧用现代信息技术丰富数学课堂教学［J］.现代交际，2016（5）.

（本文于2018年6月在《学校教育研究》发表，并且在论文评比中荣获一等奖）

浅谈初中听障生习作教学的有效策略

梅州市特殊教育学校　温洁明

听觉障碍让这群孩子丧失了获得语言的自然途径，在事物认识过程中，通常只能获得感性认识，严重制约了抽象思维和语言能力的发展，因此在书面语表达方面容易出现词语匮乏、词序颠倒、句子成分残缺、表达时缺乏中心或不完整等现象。《聋校义务教育语文课程标准（2016年版）》明确指出，"语文课程是一门学习语言文字运用综合性、实践性课程"。语文教师应从《聋校义务教育语文课程标准（2016年版）》出发，依托教材文本，构建积极的语文课堂，以培养、提升听障学生书面语表达能力为核心目标。

一、学生现状调查分析

调查选取梅州市某特殊教育学校七、八、九年级听障生，听力损失程度均为全聋。他们在习作中的问题主要表现在：①字类问题，以形似字错误及错字为主要错误类型；②词类问题，以语素颠倒和用词不当为主要错误类型；③句子类问题，以语序不当及表意不清最为明显；④篇章类问题，表现为中心不明确或结构不完整。

二、初中听障学生习作问题的原因探析

（一）自身因素

首先听障学生自小基本就丧失听力，完全没有语言氛围，错过了最关键的阅读、学习期。其次是手语作为聋校师生交流的主要工具，由于手语词汇量的限制，使得教师的手语准确性和清晰度不足，往往对于不同语境中的词

语欠细化，甚至采用同一个手势。这就造成了听障学生对于课文的理解和接收的信息出现错误，师生之间的沟通也存在障碍。

（二）教师教学方法过于机械陈旧

读不懂、写不清是当前初高中听障生的现状。这一现状造成的原因主要有：1.听与说的障碍严重阻碍了聋生阅读能力的提升，阅读量不够、精读篇章少、没有积累、基础薄弱。2.教师在课堂中重文字、轻表达，过分重视课文的详细分析，而不敢放手让学生去读去说。"满堂灌"的教学形式缺少了轻松愉悦的课堂氛围、忽视了听障学生学习的主观能动性和客观需求。

（三）生活阅历少，缺乏阅读积累

习作来源于生活，听障学生经历少，接收信息量又有限，往往缺乏写作素材。因此，就必须要有一定的阅读积累，但我从事特殊教育近二十年，最大的感触就是家庭在聋生阅读这方面投入太少。学校图书室的藏书，适合聋生阅读的不多。学生课外阅读，没有真正落到实处。

三、初中听障生习作教学的有效策略

（一）加强语言积累，夯实聋生书面语表达基础

聋校语文教材中，有很多是贴近听障生生活实际的内容，教师不妨利用好这些教材并结合学生已有的生活经验，让学生将阅读中获得的感悟和情感凝结成文字，进行小段落、小片段的练笔，表达自己的所思所悟。例如，在教学《赵州桥》一课时，我让同学们通过图片感受赵州桥的雄伟和美观、赞叹古代劳动人民的智慧和才干，通过观看港珠澳大桥的航拍视频感受祖国桥梁事业日新月异的发展，提升同学们的自豪感，让学生说说自己的感受和收获，再动笔写下来。读写结合，说写并举，帮助听障学生在阅读中积累字、词、句，夯实书面语表达的基础。

（二）关注听障学生的生理特点，注重阅读习惯的培养

乐于读、自愿读，是提高学生语文素养的有效途径。阅读兴趣的培养首先在于激发学生阅读的热情，引导他们持之以恒。教师应注重引导帮助他们改变阅读的随意性，教会学生学会选择，并养成随时提笔在手，及时画一画，抄一抄，写一写。做到读而有思、读而有悟，让阅读成为知识的发酵剂。

（三）强化写作训练

（1）仿写是聋校语文教学中常见的方法，主要有两个方面：一是仿写词语、句型；二是仿写文章的结构、写作的角度和内容。教师在教学时尽可能结合生活实际多举例，发散学生的思维。再采用多方批改的方式，如此，学生可以在互相批改的过程中看到他人作文中的优点与不足。

（2）鼓励学生坚持写日记。日记是练习习作的最佳方式。学生将每天的事情、感受、情绪等真实地反映出来，不仅锻炼了书面语的表达，也积累了习作的素材。我多年教学中积极引导听障学生写日记，并及时查阅、批改，往往一篇日记要教师批改、学生重新抄写3遍以上。经过反复的批改和抄写，加深了印象的同时也提高了语言能力。

（3）巧妙运用现代聊天工具。短信、微信、QQ等现代聊天工具已成为当今人们日常交流的重要手段。初中听障生对这些聊天工具颇为熟悉。学校也开设了计算机课程，教师可给学生建立班级QQ群、班级微信群等，邀请科任教师、家长等参与到聊天中来，在平时也可以通过这些聊天工具和学生单独沟通交流，既拓宽学生的知识面，也提高他们的书面语表达能力，为习作打下基础。

参考文献

［1］刘兰英，吴家珍.汉语表达［M］.南宁：广西教育出版社，2001.

［2］吴玲.浅谈聋人大学生书面语言的训练方法［J］.中国听力语言康复科学杂志，2006（2）.

［3］陈蓓琴.聋生课外阅读的状况及教学建议［J］.现代特殊教育，2011（12）.

［4］王莉晓.新课改背景下聋校语文课程标准的研制［D］.呼和浩特：内蒙古师范大学，2013.

［5］王开銮.中高年级聋生课外阅读内容调查［J］.现代特殊教育，2014（Z1）.

［6］朱子君.阅读教学引导聋生对话文本的策略［J］.绥化学院学报，2015（7）

［7］王筠.让图画故事书引领低年级聋生走进阅读的世界［J］.教师，2016（2）.

浅谈听障学生的语文写作技巧

广东省梅州市特殊教育学校　周丽珍

听障学生，因为存在着听力和语言的障碍，所以他们接受外来信息的途径较为单一，表达思想感情的方式只能是手语和书面语言。手语作为听障生的基础语，给他们交流带来极大方便，自然有其重要性。然而，听障生终究要走向社会，接触的绝大多数人是不懂手语或懂少数手语的正常人，要与他们进行熟练而正常的交流，主要靠书面语言。因此培养听障生的作文能力，不断提高他们的作文水平，对他们今后的发展有着至关重要的作用。那么，如何培养听障生的写作能力是摆在每一位特教语文工作者面前的一个课题，下面我就以多年的教学实践，浅谈一下在写作教学中的几点粗浅意见。

一、教师重视作文教学，学生才能积极学

课堂教学，教为主导，学为主体。教师对某项内容重视，学生学的积极性就高，效果就好。与老师们探讨学生写不好作文的原因时，许多老师谈到：一是学生愁作文，不知道写什么、怎么写；二是老师愁批改作文（听障

生由于听力、语言障碍，写的句子往往词序颠倒，意思不完整，批改起来很伤脑筋）；三是考试猜题，因为考试时作文题目大都与学过的某一篇课文类型相同，只要学生能背熟几篇不同类型的范文，考试一般都能应付过去。语文教学的目的是为了使学生正确理解和运用祖国的语言文字。理解是正确表达的基础，作文是正确理解和运用的综合体现。

二、教师重视培养学生兴趣，学生才能主动学

兴趣是最好的老师，有了兴趣，学习就有了动力，学生的学习才会变得主动。可是怎样培养学生的写作兴趣呢？为了让学生喜欢我的课、喜欢上作文，我与班上每一位同学交朋友，关心他们的学习与生活，与他们一起参加课外活动，一起去放风筝，一起做游戏，做学生的良师益友，培养浓浓的师生情，进而对作文产生兴趣。

听障生具有很强的好胜心和求知欲，正确的引导往往会收到良好的效果。他们由于受到听力制约，再加上年龄、知识、能力的限制，接受外来信息少，刚开始写的句子往往词不达意，词序混乱。针对这种状况，我利用一切机会，从指导学生写完整通顺的句子入手培养学生的写作能力。例如，有一次晚饭后我和学生一起看电视，一个学生用手语打了"中国、长城"两个词。我知道他是要看"万里长城"的雄伟宏图。我在转换频道后，引导大家就"中国、长城"进行说话训练，同学们积极性空前高涨，争先发言，我一一给予指导、鼓励。就这样，久而久之，既培养了学生遣词造句的能力，又培养了他们的写作兴趣。

为激发所有学生的写作兴趣，每次作文讲评时，我总是对每一篇作文都进行讲评。有的整篇写得好就作为范文给大家宣读，有的某段写得好就重点讲评这一段，有的通篇只有一两句比较通顺，也对这一两个句子进行肯定，给予鼓励。就这样通过不断的表扬、鼓励，调动了学生学习的积极性，培养了学生的写作兴趣。

三、教师重视"以身试水"，学生才能喜欢学

俗话说"喊破嗓子不如做出样子"，要学生们喜欢作文，首先老师要喜欢作文。然而多数老师安排学生作文时，只给定一个题目，提出一些要求后，放手让学生去写，自己却很少动笔。另外，许多老师对不同作文的批语往往雷同，缺少针对性。学生刚开始写作文，就像孩子刚开始学走路不知如何迈步一样，不知怎样写、写什么；对写出的作文也不知道哪里好，还存在什么缺点。要教会他们作文，提高他们的写作水平，给予及时正确的指导非常重要。要做到这一点，最好的方法就是老师和学生一块儿写作文。你只有亲自"下了水"，才能知道"水"的深浅。

另外，我认为，特教语文工作者除了要重视以上三个方面以外，还应当认真做好如下工作。

1. 指导学生学会积累材料

学生愁作文是因为无东西可写。正所谓"巧妇难为无米之炊"。没有材料，即使大手笔也写不出好文章。可见充实的素材是写作的前提。可是材料从何而来？听障生本来获取外界信息的渠道就窄，这就需要我们平时指导学生多观察，多与别人交流，对身边发生的事多看、多想，从司空见惯的小事中，发掘出所蕴含的积极的东西。其次指导学生多阅读。大量的阅读不仅能使学生积累写作素材，还有助于学生学习写作的技巧和方法。丰富的写作素材来源于生活的积累、知识的积累、感情的积累。

2. 指导学生学会选择材料

作文就是要把我们平时看到的、听到的、想到的有意义的东西写下来。我们平时看到的、听到的、想到的东西很多，关键就在于"有意义"。哪些才是有意义的呢？这就是选择材料。怎样教会学生选择材料呢？最好的方法就是结合实例讲述。选择材料的方法就是：确定正确的主题，选取最能突出主题的材料。

3. 指导学生勤于练笔、反复修改

按照大纲要求和课本内容安排，学生每学期一般写8—10篇作文。要想写好作文这是远远不够的。坚持每天写日记对提高作文水平很有帮助，写日记既能积累写作素材，又有利于掌握写作技巧。写好一篇文章后，就要反复修改，不仅自己改，而且请别人帮助修改，这也是写好文章的一个重要环节。有人说好文章是改出来的，这话有一定道理。写的时候由于思维不严密，难免存在一些不足甚至错误，这些都需要通过认真的修改，才能使文章逐步完善。

4. 培养学生的观察能力和观察习惯

在平日的写作教学中，老师们可能还会发现一个问题：当让学生在课堂上围绕一个话题说的时候，似乎都能说出些门道，但要回去写的时候，学生又往往不知道要写什么。可谓思绪万千、无从下笔。这是因为学生说的都是大概内容，而描写是需要细致入微地写的，学生在生活中的观察力不够，自然也就写不细致了。这就需要学生扩大生活范围，丰富见闻和经历，留心观察周围的事物了。而且观察事物的时候要引导学生有目的、有顺序、有重点、有比较、有联想地观察，此外，还要注意观察时做到全面、细致，运用并协调多种器官进行观察。这样进行扎实的观察训练，学生就逐渐懂得了观察的顺序、重点、方法，使他们在写作时做到言之有物，言之有序。学生感到有话可说、有话可写了，对作文自然就产生了兴趣。

5. 要求学生写随笔，教师做好每次批改

聋生到了高中阶段，学习的课文内容、思想都提高了一个层次，自身身心发展也成熟了许多，对很多事物也有了自己的看法和见解，要抓住这个时机，让学生把自己的思想、见解用文字表达出来，就要随时写一些随笔了。这样的随笔内容是没有限定的，字数也不限，只要能清楚地表达出自己的想法就可以。这过程中肯定会出现语序不当、结构混乱等常见问题，这就需要老师认真地批改。一般聋校的一个班级都在10人左右，老师在批改的时候最好是把学生叫到身边面对面地批改，及时指出学生文章中出现的问题，并告

诉他正确的写法。对写得好的句子用特殊符号标出，并在旁边标注好在哪里，鼓励学生今后的写作过程中多写这样的好句子。有了老师的肯定，学生的写作积极性也会越来越高。

总之，我认为只要语文教师重视作文教学，不断提高学生写作的积极性，尽心尽力培养学生写作兴趣，使学生喜欢上作文，再加上正确的教学方法，指导学生平时注意积累素材，多注重练习写作，学生的作文水平就会不断提高。

参考文献

［1］贵桑朗珍.浅析听力障碍学生的作文教学［J］.新课程（上），2014（5）.

［2］李恒.关于提高听障学生作文水平的几点思考［J］.语文学刊（教育版），2013（9）.

［3］李杜.浅谈如何提高听障生的写作能力［J］.课程教育研究，2014（25）.

山区中小学生英语会话现状剖析与对策

梅州市特殊教育学校 张冬苑

随着新技术的开发，对外交流活动日益频繁；引进国外科技人员和先进管理经验与技术、国际贸易等都离不开用英语交际。根据我们梅州地区中小学英语会话能力低的实际情况及培养学生外语实际应用、应变的能力，现将我们山区中小学英语会话现状分析如下，以引起教师、学生、家庭及社会的重视。

一、山区学生英语交际能力的现状

（一）英语会话能力低

小学生初学英语，由于教学内容简单，图文并茂，趣味性强，而且小学生模仿能力强，他们经常会学着教师的模样脱口而出"hello""sorry""thank you"等日常用语。因此，小学生往往比较喜欢用英语进行简单的日常交流。但是，到了初中，随着英语知识的提高，学习任务增加，学习难度加大，词汇量也增加，并开始学习比较复杂的语法。部分初中生会对英语学习产生恐惧和厌倦，学习方法无法有效适应初中阶段学习，导致学习成绩也逐渐下降。而且，随着身体发育进入青春期，心理、行为发生微妙变化，特别表现为害羞，认为用英语会话是出风头，博取教师好感，甚至会遭到同学的讥讽、猜忌、打击，因此，许多学生羞于开口说英语。与此同时，面对现实的升学压力，教师的教学重心也逐渐向应试教育偏移，师生的精力也都集中放在提高分数、升学率上，忽视学生应有的会话练习，导致学生产生一种"学习英语是为了应付考试，会话的好坏与考试的关系不大，对成绩影响不大，无实用价值"的错误思想。整个学习过程都是围绕这个中心，忽视了对学生应有的会话训练及实际应用能力的培养。故中学生极少用英语进行会话。

（二）英语会话的思想认识差

简单的会话就要从小学开始，到中学阶段逐渐加深、趋向复杂。中小学生往往忽视会话的实用性，认为学习英语是为了应付考试、升学，只重视对升学有直接关系的词汇、语法、听力以及写作等。反映一个人的英语水平，考试的成绩固然重要，但分数高，并不说明一个人适应社会的能力强。曾经有这样的报道：在广州某高校毕业生供需见面会上，美国著名宝洁集团广州分公司进行招聘高级技术人才，在面试的过程中，大批的学士、硕士生被刷下来，问题就出在英语会话上。他们连简单的会话都表达得语无伦次，即使勉强答上来也显得不顺畅。因此，必须从小学开始重视英语会话，将它当作母语进行练习，做到"曲不离口"，那么以后运用起来就会得心应手。由于缺乏良好的英语会话环境，大多学生认为用英语会话是出风头、好表现，对那些大胆讲英语的同学抱冷淡的态度，甚至认为用英语会话只局限于课堂上。总的说来，学生对英语会话的思想认识是比较差的。要提高英语会话的思想认识，就要先克服心理上的障碍。不论在任何场合，大胆用英语进行会话，把英语当作母语来交流，那么你就会觉得：其实说英语也可"出口成章"，不再会觉得别扭。

（三）缺乏英语会话环境

中小学生的生活、社会活动空间非常窄，并受到时间、内容、社会等方面的影响，活动只限于学校和家庭。在校期间，除了英语课、英语练习或应付考试外，少有机会接触英语，特别是为了应付各类考试，繁重的学习任务已压得学生喘不过气来，更无暇顾及英语会话了。同时，许多英语教师自身没有起到表率作用，课外极少用英语交流，甚至教学过程中有时用英语，有时用汉语，甚至用方言，这样造成学生用英语会话的机会大大减少了。这无形中让学生误以为英语会话不重要、不实用，学生的英语会话能力难以提高。

（四）英语会话对象少、范围窄

学生的主要任务是学习，他们的生活局限于家庭—学校这一条线上，成员简单、空间小，人际交往少，因此，中小学生的会话对象一般是同学、朋友、教师及家庭成员。这种客观现象造成了中小学生英语会话的对象少、范围窄。但也存在主观因素，如外出购物、会友、活动等有些场合都可以运用英语知识进行交流，但他们忽略了，或是胆怯，或是逃避。中小学生应通过扩大社会活动空间来增加交际对象，扩宽会话范围，使自己的会话水平得到逐步提高。

二、提高山区学生英语交际能力的建议和对策

教师要针对学生不愿开口、羞于开口、不会开口的情况，打消学生的心理顾虑，突破"开口难"障碍，可以让学生在唱一唱、玩一玩、演一演、做一做中练习英语会话，从而使学生始终保持新鲜感和学习兴趣。

（一）着眼兴趣，"大胆开口"主动参与

教师要充分利用教学资源，采用听、说、唱、游戏、表演等方式，增加口语交流机会，鼓励学生大胆开口，积极参与。比如，每节课上课前可写一句绕口令在小黑板上，让学生练习舌头的灵活程度，使学生开口会话能力更流利。或者放一首歌给学生听，让学生跟唱；放一段英语演讲材料，让学生观摩学习；课间十分钟利用多媒体设备播放英文短片如卡通片、小品等，让学生感受英语的美妙，练习语调，提高开口会话的发音质量。注重强调一个"趣"字，形式多变，内容常新，使学习气氛活跃。比如，让学生轮流当值日生，每天在黑板下角用英语标识如"Today is May 5. It's Tuesday, ×× is on duty today"，并由每天的值日生进行自由言谈（free talk），内容可以是日期、星期、天气、问候、购物、就医、打电话等，这样为每个学生提供讲英语的机会，"台上"的学生练练口语，"台下"的学生也得到了听英语的机会，天长日久，各有所获。此外，英语教学中，教师应多用"Good! Great! Excellent! Wonderful! "等充满鼓励性的语言对学生敢于开口、乐于开口进行鼓励和肯定，使学生在学习中不断增强自信心和积极性。

（二）创设情境，"易于开口"巩固所学

在特定的情境下，学生开口交际会显得更容易。教师把英语课堂设置成生动活泼、色彩斑斓的社会活动舞台，模拟真实情景，将枯燥、抽象的内容寓于一个悦耳、悦目、悦心的情景中，让学生在情景中学，在情景中用，在用的过程中认识语言，领悟语言，激发兴趣，启发思维。比如让学生自选课文自编课文剧，如：Asking the Way（问路）、In Fast - food Restaurant（在快餐店）、In the hospital（看病），等等，可以让学生扮演警察、服务员、病人等角色，以小组为单位进行分角色演练，利用课前5分钟或者课后时间表演给同学看，既练习了口语，又锻炼了胆量，还增加了同学间的团队合作能力。在讲授新课过程中，角色演练分组进行英语会话，会让学生对所学知识掌握得更牢固。

（三）巧妙创新，"乐于开口"学以致用

将英语学习渗透于课堂内外，营造学英语、讲英语的浓郁氛围，让学生"乐于开口"学以致用。注重转换学习空间。语言教学不能仅局限于课堂，要把学生带到生活中去进行学习和交际，做到语言源于生活又为生活服务。如教与公园有关的话题课文时，条件允许的情况下可把学生带到公园里，实地感受英语单词"park，tree，grass，lake，a nice day，have a picnic"等的用法，并鼓励学生根据实景运用课文中所学的句型进行会话。办好班级英语板报，展览学生的英语书法作品、英语小报、英语小文章等，学生在欣赏板报内容的过程中轻松地完成了英语的诵读、阅读和记忆。让学生写英语座右铭如"Art is long，life is short."等贴在桌角，用于鼓励自己，让学生熟悉并互相背诵同学的座右铭，记的英语多了，说的自然也多了，而且出口成章的成就感会让学生增加学习英语的兴趣。此外，要注意避免重仿说，轻创造现象，要鼓励学生用英语表达自己的感受，发表独立的见解。如让学生谈一谈假期打算，谈一谈学校、家庭、同学、朋友，等等。

总的看来，我们山区中小学生英语会话能力低。要提高学生的英语会话能力，还必须得到学校、家庭及社会的高度重视，给学生创造有利的学习环境，提高学生的思想认识。学生具备了这样的学习思想和外部条件，那么英语的会话水平必定有更大的进步。

浅谈几种初中历史的教学方法

梅州市特殊教育学校　谢桂容

教学方法是达到教学目标的手段，教无定法，但教学有法，贵在得法。根据素质教育的要求，围绕教学目标，依据不同的教学对象和教学内容，选用良好的教学方法是减轻学生负担，提高教学效率的关键。历史课堂教学，往往要综合运用多种教学方法，包括阅读法、讲述法、讲解法、谈话法、图解法、讨论法、角色扮演法和运用现代教育技术，等等。历史学科教学方法的选择必须符合教学规律和教学原则，必须符合学科的特点。教法的选择应考虑教学内容、学生知识水平、课时、教学环境与教学条件等因素，选择不同的教学方法组合，以达到最佳教学效果。当然，历史的教学方法是通过不断的试验和实践总结出来的，在这里我根据自己的实践和经验，浅谈几种初中历史的教学方法。

一、阅读法提高学生的自学能力

"授人以鱼，不如授人以渔。"掌握一定的方法和技能，远胜于掌握一些现存的结论。基于此，教师教学的着力点已不再是教"书"（传授知识），而是教"学"（传授科学的思维方法），指导学生学懂、学会，直到会学，我认为学生会自主学习，提升阅读能力是非常关键的一环，阅读是人类获取知识，提高观察、分析、思维等高层能力的基础。

根据课程目标的要求，把课本知识转化为问题，让学生带着问题去阅读，边阅读边回答问题。采用这种方法指导学生阅读，选编问题很重要，要求选编的题目与课本内容密切联系，主要知识点都应在题目中显示出来，有利于学生对课本知识的理解和掌握，但难度要适中，以大多数学生通过阅读都能得出正确答案为宜。还可以课前把设计好的习题印发给学生，学生带着题目有针对性地去看书，到课本中找答案，通过动眼、动手、动脑，有利于学生分析、归纳等思维能力的提高，同时学生依照课本去解答题目，能够准确而简明扼要地得出正确答案，有利于学生答题的规范化，提高解题能力。

二、运用多媒体技术，突破教学难点

现代科学技术的迅速发展，为教育改革提供了条件，各种现代化科技成果被用于教学中，既推动教学手段的更新，又促进了教学方法的改革。

历史教材中有时某些内容比较抽象或复杂，年代久远或地域空间概念强，学生感到陌生，教师也难以用语言讲清，使用传统的教学手段很难突破这些难点。而运用多媒体教育技术，可以变抽象为具体，变无声为有声，调动学生各种感官共同作用以强化感知，如讲"甲午中日战争"这一节内容时，可播放电影《甲午风云》中的这样几个镜头：邓世昌等北洋水师官兵海上奋勇抗敌，壮烈爱国；李鸿章下令北洋水师"避战自保"；慈禧太后筹备六十大寿庆典，大肆铺张；北洋水师在黄海大战中全军覆灭。进而引导学生思考：为什么中日甲午战争中清政府会战败？学生积极地进行思考：北洋水师毁灭在日本侵略者手里，联系李鸿章退缩避战、慈禧太后铺张浪费的镜头，得出结论：清政府的腐朽统治是中日甲午战争中清政府战败的根本原因。现代教育技术通过声、光、形、色、音等多种信息作用于学生，既提高了学生的兴趣，又能在他们的大脑皮层中留下了很多较深刻的历史现象痕迹，从而加深了学生对所学历史知识的印象。

三、讨论法让学生成为学习的主人

初中学生，抽象逻辑思维开始占相对优势，其独立思考的能力也得到发展，并且表现出思维的独创性。他们不仅喜欢探求事物的根源、喜欢怀疑和争论，而且他们富于想象，以至常提出一些新的设想、新的见解。在实践中，可运用小组讨论、质疑答疑等方式，引导学生相互学习，老师可以找一些学生感兴趣的话题，引导学生去研究、探讨。例如，评价我国古代的重农抑商政策，史学界有不同的看法：一种观点认为积极作用是主要的；另一种观点认为消极作用是主要的；还有一种观点认为应该一分为二地加以评价。你同意哪种观点，具体阐述你的见解？同意第一种观点的同学认为，农业是国民经济的基础，是古代社会决定性的生产部门。农业生产状况的好坏决定着一个国家的兴衰成败。因此，历代统治者都把农业当作头等大事来抓是完全必要的。重农抑商政策确保了农业的发展，有利于社会稳定和农业经济的持续发展。同意第二种观点的同学认为，重农抑商政策过分夸大农工商之间的矛盾，把农业与工商业对立起来，人为地打击、压制了工商业的发展，违背了经济发展的客观规律，导致我国早已出现的资本主义萌芽迟迟未能出土，最终落后于西方，被动挨打。而同意第三种观点的同学则认为，对重农抑商政策的评价要分阶段，一分为二地来看：在我国封建社会的前半期，由于生产力水平不高，人口数量少，实施该政策有利于确保农业生产的人力、物力和财力投入，对促进封建经济的发展发挥了积极作用；到了封建社会后半期，随着商品经济的发展，工商业已成为重要的生产部门，政府照样对工商业进行压制就有违时代潮流，是一种反动行为，致使近代中国贫穷落后。由上述例子可知，采用这样的教学方法，学生在课堂中拥有较多的时间，有了更多的思考、讨论问题的机会，师生之间、同学之间多向交流，形成学生自学、小组讨论、全班交流的全员参与的教学结构，学生在民主、和谐的氛围中自觉参与到教学活动之中，真正成为学习的主人，有利于提高教学效果。

　　一堂成功的历史课，应该是课文内容和教学方法的统一，是历史知识教学与能力培养的结合。无论是教学方法还是教学技巧，在今后的教育生涯中，我们都需要不断地通过试验和实践来充实总结，以求教会学生掌握更有效的学习方法，达到更好的教学效果。

利用数形结合思想解决聋校二次函数
教学中的问题

梅州市特殊教育学校　罗文璟

一、数形结合思想的概述

我国著名数学家华罗庚曾经说过："数形结合百般好，隔裂分家万事休。"我们常常认为，数形结合就是把抽象的数学语言、数量关系与几何图形、位置关系紧密结合起来，通过"以形助数"或"以数解形"，即通过抽象思维与形象思维的结合，可以使复杂问题简单化，抽象问题具体化，从而实现优化解题途径的目的。

数形结合不仅是一种解题方法，还是一种指导思想，尤其是在课堂上的多媒体教学，就是数形结合的思想得到充分展现，这不仅有利于为听障学生营造一种良好和活跃的课堂气氛，更有利于激发听障学生对数学的学习兴趣，使他们想学数学，努力学好数学。所以巧妙利用"数形结合"思想，把抽象问题具体化，从而达到事半功倍的解题效果。

二、借助"数形结合"思想，解决二次函数性质问题

在认识和熟悉二次函数知识中，我们都知道自变量x和因变量y的变化是比较抽象化的，对于听障学生来说是更难掌握的，而"数"与"形"的结合可以解决这一类的内容，可以将解题的思想过程用"图像"形象地表达出来。所以，教师在二次函数性质教学过程中，可以充分利用"数"，去找出与它一一对应的"形"，具体表现如下：

充分利用图像，来帮助听障学生理解和熟悉二次函数性质的知识点。首先让学生动手画出二次函数 $y = ax^2$ 的图像，通过"列表—描点—连线"的步骤，听障学生可以从表格中观察数据的变化特点，然后根据表格数据画出图像，将二次函数的所有信息点充分展现在图像上，逐步深入探究二次函数的其他相关结论。

例如：画出二次函数 $y = 3x^2$ 的图像

观察 $y = 3x^2$ 的表达式，选择适当的 x 值，并计算相应的 y 值，完成下表：

表3-2-1

x	−3	−2	−1	0	1	2	3
$y = 3x^2$	27	12	3	0	3	12	27

在直角坐标系中进行描点（如图3-2-5）。

用光滑的曲线连接各点，便可得到函数 $y = 3x^2$ 的图像（如图3-2-6）。

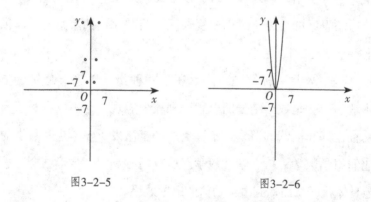

图3-2-5　　　　　　　　　　图3-2-6

分析：听障学生通过动手画图，都参与到学习过程中，并加深对二次函数性质的理解，充分调动学生的积极性，体现数学活动中充满未知的探索与创造。另外，教师可以针对此二次函数图像提出以下四种问题，让学生在小组讨论实践中，检验自己所总结归纳的结论是否正确。比如：

（1）是否可以描述该图像的形状？

（2）观察图像是否与 x 轴有交点？如果有，其交点坐标是什么？

（3）图像在y轴的左侧和右侧，x的值与y的值进行怎样的变化？

（4）此图像是否是轴对称图形，其对称轴是什么？是否有其他方式求其对称轴？从而归纳总结出二次函数的性质问题，由"数"到"形"。

三、借助"数形结合"思想，巧解一元二次方程的根分布问题

在九年级上册中，我们学习过一元二次方程的相关知识，其中一元二次方程$ax^2 + bx + c = 0$的根有三种情况：有两个不相等的实数根、有两个相等的实数根和没有实数根，而现学的二次函数$y = ax^2 + bx + c$的知识点中，其图像与x轴交点的横坐标，实质就是求对应的一元二次方程$ax^2 + bx + c = 0$的根。因此，我们来利用二次函数的图像通过数形结合思想，来帮助听障学生理解一元二次方程根的分布问题和二次函数知识的灵活运用，接下来，我们通过下面例题来分析一元二次方程根的分布问题。

例1 已知方程$x^2 - 2ax + a^2 - 1 = 0$在区间（-3，5）上有两根，求实数a的取值范围。

解：令$f(x) = x^2 - 2ax + a^2 - 1 = 0$，如图3-2-7所示：

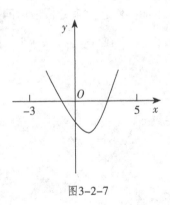

图3-2-7

所得充要条件为
$$
\begin{cases}
\Delta = (-2a)^2 - (a^2 - 1) \geq 0 \\
-3 < a < 5 \\
f(5) = a^2 - 10a + 24 > 0 \\
f(-3) = a^2 + 6a + 8 > 0
\end{cases}
$$
解得：$-2 < a < 4$

所以实数a的取值范围是（-2，4）。

分析：上述题目如果采用求根公式来解出方程两根，再通过解不等式的取值范围，其计算过程会比较烦琐，降低听障学生学习的积极性，而利用二次函数的图像与性质来求解，更能让听障学生更好地理解知识点，熟悉和运用所学的知识点，从而提高解题效率。

四、借助"数形结合"思想，探究求解二次函数在给定区间上的最值问题

二次函数常考的求最值问题题型中，一般式$y = ax^2 + bx + c$（$a \neq 0$），我们通常采用配方法，将其化为顶点式$y = a\left(x + \dfrac{b}{2a}\right)^2 + \dfrac{4ac - b^2}{4a}$，来获取所求的最值$y_{最值} = \dfrac{4ac - b^2}{4a}$，而往往在区间上求最值问题最可靠的方法，就是利用函数图像与性质，结合其他相关知识，来判断函数的最值问题，因此，教师可以引导学生从题目中获取相关信息，比如自变量x的取值范围、因变量y的取值范围，判断其对称轴分布情况，通过化繁为简，化难为易，最终完成最值问题的解答，我们具体从下面的例题上来分析最值问题：

例2 若$f(x) = x^2 - 2x + 3$，在$x \in [a, a + 3]$上有最小值为$g(a)$，试求$g(a)$的表达式。

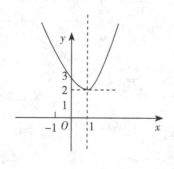

图3-2-8

解：$\because f(x) = x^2 - 2x + 3 = x^2 - 2x + 1 - 1 + 3 = (x - 1)^2 + 2$

其对称轴为直线$x = 1$，顶点坐标为（1，2）

∴画出其函数图像如图3-2-8所示：

① 当$a + 3 < 1$，即$a < -2$时，$g(a) = f(a + 3) = a^2 + 4a + 6$

② 当$a \leq 1 \leq a + 3$，即$-2 \leq a \leq 1$时，$g(a) = f(1) = 2$

③ 当$a > 1$时，$g(a) = f(a) = a^2 - 2a + 3$

∴由①②③可知：$g(a) = \begin{cases} a^2 + 4a + 6 & (a < -2) \\ 2 & (-2 \leq a \leq 2) \\ a^2 - 2a + 3 & (a > 1) \end{cases}$

分析：根据上述题目解答过程，我们可以看出，通过已知条件，获得"数"的具体信息，听障学生可以画出该二次函数的图像，标明已知信息，再利用对称轴，对比与区间中x的大小关系，达到求二次函数在区间内的最值问题。

五、结束语

在学习二次函数知识过程中，"数"与"形"的结合显得尤为重要，教师应当引导听障学生在学习探索中，逐步学会运用数形结合的思想，依靠图像与数据的结合，帮助他们理解和解决二次函数相关问题，使他们能够掌握和运用二次函数的相关知识及解题技巧。

当然我们在利用数形结合思想求解二次函数相关问题的过程中，还应当注意以下几点：

首先，听障学生必须学会认真观察图形，探寻图中所包含的数量关系和捕捉题中所给的信息点；其次，在所画的图像中，尝试添加已知条件，并且可以准确反映题中的数量关系；最后，结合自身所学的知识，通过思考和研究，得出自己的一些观点，在教师的讲解和指导下，进行完善和升华，最终得出解决二次函数相关问题的方法和观点。

总之，在数形结合思想中，解决二次函数问题并不难，难就难在是否能够充分运用"数"与"形"的结合，教师应当多传授，多引导听障学生利用数形结合思想，来解决二次函数的问题。

参考文献

[1] 姚立新.数形结合的数学思想方法在解题中的应用 [J].教育革新，2005（1）.

[2] 蔡东兴.数形结合思想方法的应用 [J].高中数学教与学，2009（2）.

[3] 曹炜萍.数形结合在初中函数问题中的应用 [J].中学数学参考，2009（35）.

[4] 王方东.数形结合思想在二次函数中的运用 [J].读写算（教育教学研究），2010（9）.

[5] 牛俊平.巧用数形结合解决二次函数问题 [J].中学生数理化（高一版），2007（Z1）.

刍议聋哑生英语学习兴趣的培养模式

梅州市特殊教育学校　黄杏芬

近些年来，随着我国教育事业的不断发展，针对特殊人群的教育事业也逐渐被重视起来。但是由于聋哑学生的听力和表达方面存在缺陷，对其进行教育就不能够单纯地按照正常学生的教育模式来对待。为了能够让聋哑学生在学习的过程体验到乐趣，就需要结合特殊的教学法应用，从而帮助其提升学习兴趣。

一、研究聋哑学生英语学习兴趣的意义

现阶段，我国作为一个正处于发展过程中的国家，自从经历了社会主

义现代化的改革开放以后，我国的整个综合国力都已经得到了众所周知的提升。无论是在科学、经济的进步方面，还是对于教育的重视方面来说，英语作为一门外来化的语言，是我国近几十年来根据市场需求所开设的一门非常具有特征和特色的课程，主要是为了使得我国的初级教育能够跟上国际化的潮流。而且在21世纪地球村不断形成的过程中，很多人认为在这一阶段中不会电脑和英语就会被认为是新阶层的文盲。这样的发展背景使得我国英语的教育开始普及，而针对聋哑学生的英语学习来说，之前一直处于一个被忽视和质疑的状态，有很多人认为聋哑学生听不见、说不出来是不适合进行外语学习的，但是对于每一个具有特殊性的孩子来说，他们都希望被当作正常人一样公平地对待，在学习的过程中也渴求获得更多的知识。伴随着我国新课程改革的深入发展，特殊教育领域的改革正在悄悄进行，对于外来文化的学习和语言技能的掌握也逐渐渗透到了聋哑学生的学习过程中。但是很现实的问题却依然存在着，聋哑学生在学习英语的过程中既不能够听到英语的发音，也不能够开口进行朗读和交流，如果以正常的英语教学模式对待聋哑学生的英语学习，必然会造成教学质量下降，长此以往还会丧失学习英语的兴趣。因此，我们可以通过借鉴西方发达国家的教育经验，探索和分析如何促进聋哑学生对英语学习兴趣的提升，将有助于我国特殊教育的可持续性发展。

二、聋哑学生英语学习的特点分析

对于聋哑学生英语学习，在专业上可以称为"聋生英语"，主要特点如下所示：第一点，聋哑学生不能够听到英语单词、句子的发音，也不能够顺利地读出来，这是学习语言过程中影响最大的一个特点。因此，在进行聋哑学生英语教育的过程中，不能借助于发音进行初步接触，而是要直接进入实际运用阶段，侧重于对学生理解和书写能力的提升。第二点，汉语与英语的重新组合是帮助我国所有学生学习英语的重要措施，对正常学生而言，主要经历的是"实物—语言"的转换，而聋哑学生的学习则需要经历"实物—汉语—英语"的转换。转换步骤的增加使得聋哑学生的学习进度减慢，学习难度提升，而且还需要其灵活的反应才能够达到和正常学生一样的学习效果。我们虽然不要求聋哑学生和正常学生的英语学习水平相当，但是尽可能地要求其能够顺利阅读和写作也是教学目的所在。

三、影响聋哑学生英语学习的因素

1. 学生因素

特殊人群的教育和正常学生的教育体制是不一样的，并没有小学、初中、高中、大学等分级，因此相应的学校在进行学生招收的时候，聋哑学生的基础参差不齐，但是整体上水平都比较低，有很大一部分的学生不能将26个英语字母写完整，而且认识的单词也很少，甚至还有一部分的学生都没有和英语有过较多的接触。这就造成了在聋哑学生的英语教学过程中很难进行相关课程的推进，因此很多的学生对于英语的学习兴趣也不足或者已经完全丧失。

2. 教师因素

在特殊学生的教育机构中，很多的老师只是简单接受过相应的特殊教育训练，对于残疾人的了解也是一星半点，对于自己是否能够胜任教授聋哑学生的英语学习存在着较大的疑惑。在我国现阶段的聋哑学生英语教育过程中，真正能够胜任教学的专职教师非常少，虽然对于英语知识的学习是精通的，但是如何运用手语进行语言教学还存在着较大困难。从另一方面来说，老师在教育的过程中，由于沟通的不便利性往往会造成教学进度的难以完成，而且老师本身又有一定的教学任务和课题申报任务，种种压力对于从事聋哑学生英语教育的工作者来说也是很大的。因此，就有很多的老师觉得压力大而产生跳槽的念头，形成了一种消极的恶性循环。

3. 教学设施因素

我国对于教育事业的重视程度很深，对人力、物力、财力等资源的投入也很大，但是对特殊教育事业的各项资源投入却比较有限，在英语教学中的投入也就相对较少，对聋哑学生的英语学习就会造成严重的资源匮乏、材料不完整、基础保障工作落实不到底的情况，从而就会产生不良教学影响。

四、聋哑学生英语学习兴趣的培养模式

1. 建立轻松的课堂氛围

就学英语本身的发展过程来说，由于英语并不是我国的母语，因此聋哑学生在进行学习的过程中会有强烈的陌生感，这使得老师在进行教学的时候就一定要认识到激发出聋哑学生学习英语兴趣的重要性，那就是建立起轻松愉快的一种课堂氛围。首先要做的就是要求学生感受到来自老师的友好，促进双方的信任感，以此保障教学的质量。其次则是要求老师尽可能地与学生进行互动，促进学生主人翁意识的培养，帮助课堂氛围的营造。

2. "情境+合作"的教学方法

直观是聋哑生最基本也最重要的技巧。因此，在进行聋哑学生英语学习的过程中，借助情境教学手段将学习语言、理解语言、掌握和运用语言等步骤有机地结合在一起，能够培养聋哑学生参与教学过程的积极性，使他们看得见、摸得着，产生好奇心，并且要学会通过真实的案例来解决相关问题，促进教学情境的创立和建设。另外，注重彼此之间的合作交流学习也是帮助英语学习目标实现的重要途径，相对于传统师生之间的双向交流，将学习过程改造为多向交流，提高了学生学习的主动性和对学习的自我控制。

3. 游戏化教学模式应用

游戏化的教学模式不是被局限在物质形态上的游戏，而是在空间范围或者现实条件有限制的条件下来借助信息技术所实现的教学模式。众所周知，孩子的天性就是玩，对于聋哑学生而言，进行长时间的、过多的学习是不现实的，他们不能够长时间控制自己的大脑一直处于接受知识和思考的状态，而且由于接受和表达信息能力的缺失，肯定会存在思维空白的时间。因此，要通过游戏活动来激发聋哑学生对于英语学习的兴趣，不仅使原本枯燥无味的知识变得丰富多彩，而且还能够吸引聋哑学生的注意力，让他们在进行手语交流的过程中提升相应的英语学习成果。另一方面，也增加了英语学习课

堂的趣味性，帮助老师改变观念，树立"以教为导，以学为主"的观念，营造了趣味性的、舒适的课堂氛围。

五、结束语

随着社会的不断发展，科学水平和经济水平都处于不断进步的趋势中，人们对教育事业的关注度也在不断上升，针对聋哑学生的教育也很关键。为了积极促进聋哑学生对英语学习的兴趣提升，就必须要通过了解其心理特征、根据实际情况来选择个性化的教学方式，从而更好地培养学生的英语学习兴趣。

参考文献

［1］李超.聋哑生的数学教育之我见［J］.中国校外教育，2014（S1）.

［2］王娟.聋哑生英语学习兴趣培养模式初探［J］.青海师范大学学报（哲学社会科学版），2013，35（2）.

［3］罗琳."全纳教育"理念下的聋哑生随班就读综合学校建筑设计［D］.西安建筑科技大学，2010.

聋校语文教育中的审美教育

梅州市特殊教育学校　陈会霞

人们常说，"爱美之心，人皆有之"，我们每个人都喜欢追求美的东西。我们每个人天生就具有感受能力，我们可以感受到生活中到处都存在美，如美妙的歌声、鲜艳的花朵、优雅的诗歌、漂亮的衣服，等等。我们通过学习文化知识来提高我们的审美能力和创造美的生活。我们通过提高自己的审美能力来感受更多的美，提升自身品格和道德修养。

《全日制义务教育语文课程标准（实验稿）》明确提出，语文课程要"重视提高学生的品德修养和审美情趣，使他们逐步形成良好的个性和健全的人格"。在聋校语文教育中同样要重视品德修养和审美情趣的教育。

在聋校语文教学过程中，培养听觉障碍学生爱国主义感情、社会主义思想道德和健康的审美情趣，发展个性，培养合作精神，形成听觉障碍学生积极的人生态度和正确的价值观是聋校语文教学中的总目标之一。所以在聋校语文教学中进行审美教育是重要的也是必要的。

一、在聋校语文教学中该如何进行审美教育

（一）通过"听"感知语言的美

在聋校语文教学中教师要重视"听"，在聋校里并不是所有的学生都是完全失去听力的，我们在平时的教学过程中要充分应用学生的残余听力，"听"是为了刺激其听觉功能，使其对声音有所感觉，让学生感知声音的存在，同时"听"也是为了不让听力障碍儿童丧失残余的听觉功能。凡是美的事物，都有一种感染人、愉悦人的特点，对有残余听力的学生来说"听"可以让其感受到语言的美。教师在语文教学中可以给学生播放优美的音乐或名诗的朗诵，让学生应用其残余的听力去感知声音的美或音乐的韵律。教师有感情地朗读课文给学生听，可以唤起学生情感上的共鸣和回应，通过情感的交流去打动学生、感染学生。

（二）通过"朗读"和"说"感受语言美

1. 朗读

著名教育家叶圣陶先生提出："令学生吟诵，要使他们看作一种享受，而不看作一种负担。一遍比一遍读起来入调，一遍比一遍体会亲切，并不希望早一点能够背诵，而自然达到纯熟的境界。抱着这种享受的态度是最容易得益的途径。"

在聋校语文教学中朗读是非常重要的，它可以帮助学生建立语感，加强记忆。由于学生听力的缺失，即使有的学生有残余的听力，他们也无法像健全的孩子一样可以通过听来感受语言的美妙，而我们在教学中用的手语是没有语调、语速的，所以在朗读前我们要先告诉学生哪里需要停顿，需要停顿多长时间。老师要先示范朗读多次，教师在示范朗读时要注意语速、语调和语气，通过教师的示范朗读来培养学生的语感美，让学生看老师的嘴唇和手势从中找到文章的节奏，掌握朗读技巧，提高朗读能力。教师在教学中多让学生自己朗读是为了使学生养成良好的朗读习惯，通过多朗读课文来培养学生的语感和他们对朗读的兴趣。同时，朗读可以帮助听力障碍学生理解课文内容和课文作者所要表达的情感，朗读可以积累语言，丰富情感体验，提高他们的朗读能力。

例：聋校教材16册5《古诗两首》

登鹳雀楼

白日/依/山尽，

黄河/入/海流。

欲（yù）穷/千/里目，

更上/一/层楼。

通过对诗歌的朗读，让学生理解诗中讲的是站在黄鹤楼上所看到的景象，体会"黄河入海流"的壮观景象：奔腾的黄河水咆哮着向大海流去。要想看到远处的景色就得"更上一层楼"。对诗的朗读是让学生感受这黄鹤楼的美丽景色，通过朗读与诗人的情感达到共鸣。

2. 说

在聋校语文教学中说也是同样重要的，对于我们健听人来说，"说"可能是一件简单而平常的事情，但对于一个听觉障碍者来说则是一件难事。他们说一个句子往往会出现主宾倒置，语序颠倒的现象，在聋校语文教学中，教师让学生说说课文的中心思想等问题的时候，我们会发现学生害怕"说"，第一，他们怕"说"不好；第二，他们根本就不知道该怎样

"说"。这时我们更应该让学生"说",所以在语文教学中多让学生说说课文中美的东西,从而培养学生的语言组织能力和发现语言美的能力,同时也可以让学生的性格得到培养。

我们在教学中可以让学生说好词好句,复述课外阅读到的故事,说读后感或观后感。在聋校语文教学中"说"是为了提高学生"说话"的能力和培养学生积极去观察和发现生活中美好的事物。

在教学中我们可以让学生说课文中的好词好句或是自己喜欢的句子,这样是为了培养学生发现美的兴趣爱好,也能在一定程度上提高学生的审美能力。教师在平时的教学中除了让学生说课文中的好词好句外,还要加强学生的课外阅读,让学生跟大家一起分享自己在课外阅读到的好的故事或好词句,等等。

在聋校语文教学中"朗读"和"说"是不能分开的,"读"为"说"奠定了基础,通过"说"又提高了"读"的能力,所以它们是相辅相成的。

(三)通过"看"感受形象美

在一定条件下,各种感觉器官的机能状态都有可能相互影响、相互作用。当听觉丧失后,视觉在一定程度上处于感知活动的优先地位。听觉障碍者由于长时间对视觉的依赖和使用,视觉经验丰富。所以在语文教学中教师要利用学生的视觉优势,可以通过直观方式展现情景把学生直接带入课文的情景中去。教师可以通过图片、课文插图、多媒体课件、短片、电影、实验、表演等形式把学生带到文中所描述的情景中。通过直观方式的展现把课文的情感直接带给学生,使学生更加直观地感受课文中作者所要表达的思想情感,让学生与作者的情感达到共鸣。在语文教学中让学生多看美的事物是为了让学生在视觉上感受美,体会到在我们的现实生活中到处都有美,培养积极的人生态度,让学生热爱生活,拥有正确的人生观和价值观。多看美的事物可以让人的身心愉悦,看美的事物可以让学生的身心得到洗礼,同时,美的事物能让人的人格得到升华和完善。

例如《桂林山水》这一课,教师可以先让学生看一组有关桂林山水的图片,先让学生感受桂林水静、清、绿的美丽和山的奇、秀、险的特点。通过图片把学生带到美丽的大自然中，感受桂林的自然美，学生通过理解画面去领悟意蕴。审美活动就由形象美到情感美再到意蕴美逐层深入。在感受大自然美的同时教育学生要热爱祖国的大好河山。

（四）通过"写"加深美感

健全的儿童从一岁左右开始学习说话，到上学的时候口语已经初步形成，而听觉障碍儿童口语形成晚，到上学时还未形成，这将影响他们书面语的学习。同时，他们对于音的理解能力发展不充分，语法较差，字序颠倒，语序颠倒。

在聋校语文教学中，教师可以通过抄写、作文教学和书法训练来培养学生对美的体验。

通过让学生抄写课文可以加深他们对课文的印象，对美文的抄写可以培养他们美感经验的形成。教师在讲完一篇课文后可以让学生写读后感，写写读完一篇文章的感想和体会来提高学生的阅读能力、理解能力以及对书面语的表达能力。教师在平时还可以让学生积累课外一些名词名句、优美的句子、美文等，通过抄写可以让听力障碍学生加深对美的感受，培养学生的审美能力，完善自身人格。

通过作文教学来培养学生对美的体验，在作文教学中教师应该渗透美的教育，使学生创作出"文质兼美"的文章来。充分利用聋生的视觉优势使学生的视觉从课堂扩展到现实生活中去，去领略生活中实实在在的美，让学生领悟到情感是与生活紧密地结合在一起的，让学生明白：只有一个熟悉生活、热爱生活，又对生活富有挚情的人，才能写出精妙的文章来。通过写作培养学生积极的人生态度和健康的人格。作文的写作也是学生和教师情感交流的一种方式。教师要正确引导学生的人生观和价值观，在聋校语文教学中教师要明确地告诉学生怎样的爱好是良好的，怎样的爱好是不好的，我们要保持良好的爱好并要坚持。教师可以通过这个作文的写作与学生进行思想上的交流，同时也可以了解学生的兴趣爱好。

通过书法训练来培养学生对美的体验。我们都知道汉字作为方块字的一个重要特点就是它本身含有美的因素：线条美、结构美，等等。因此，语文教学实施美育时的一条重要途径就是书法课教学。

在书法课教学中引进品格品德教育，让学生去体会书法家在字里行间倾注的情感心志。通过这样的欣赏，学生就能得到潜移默化的陶冶，学生的人格、情操、心灵就能得到提高。指导学生进行严格的书法写字训练，就可以克服学生心理、性格上的不足，从而使学生的心理素质得到提高。书法课对确立学生健康、高尚、进步的审美观有着重要的意义，同时，由于书法本身丰富的美，就是美育中提高审美感受力，培养审美鉴赏力、创造力的最好教材。因此，学生在语文学习中感受到书法艺术，就可以使自己的美的能力得到很大的提高和熏陶。

二、审美教育对听力障碍者的影响

（一）语文教学中的审美教育有利于提升听觉障碍学生的认知水平

认知是个体认识客观世界的信息加工活动。感觉、知觉、记忆、想象、思维等认知活动按照一定的关系组成一定的功能系统，从而实现对个体认识活动的调节作用。在个体与环境的作用过程中，个体认知的功能系统不断发展，并趋于完善。

听觉障碍由于听力残疾，他们的活动范围有限，知识面狭窄，认知发展水平长期处于直观行动思维阶段。在聋校语文教学中通过审美教育使他们的认知范围突破狭小的生活范围，超越时空的限制，认识越来越多的事物，并使他们对事物的了解更加深入。加强对学生进行审美教育有利于提高听力障碍学生的认知水平。

（二）语文教学中的审美教育有助于培养和形成听觉障碍学生优良的个性品质

良好的个性品质是听觉障碍学生回归社会的重要条件，随着年龄的增长，他们接触到的事物和社会现象随之增多，而有些现象并不是正面的、积极的，例如贫富差距、遭到就业困难、社会歧视的眼光，等等。面对这些他们必然会产生疑虑和困惑，这时需要有正确的引导和教育，在树立正面榜样的同时也要进行说服教育，让学生能够自己正确地判断事物的真假、人性的善恶和社会现象的美丑。

所以在语文教育教学中要把审美教育放在重要的地位，让学生在学习语文知识的过程中接受思想情感的熏陶和美的教育，使学生拥有正确的生活态度和良好的个性品质。

（三）语文教学中的审美教育有助于听觉障碍学生形成健康的心理

审美教育的目的是促进听觉障碍学生健康的发展，健康不仅仅指身体健康，同时也指心理健康，有积极正常的心态。我们认为个体能够适应发展着的环境，具有完善的个性特征；有辨别事情好坏的能力，有发现事物美的能力，他们就可以通过突破狭小的天地来实现自我完善、自我调节，形成良好的人际和有效的心理支持体系，且其认知、情绪反应、意志行为处于积极状态。

（四）语文教学中的审美教育有助于听力障碍学生形成正确的人生观和价值观

人生的态度表明人应当怎样对待生活，人生的目的是人生观的核心，有什么样的人生目的就会有什么样的人生态度，就会追求什么样的人生价值。

聋校语文教育除了教予他们语文知识外还要培养他们正确的人生观和价值观，我们在教学中要从课本延伸到现实生活中去，让学生发现生活的美好，热爱生活，拥有正确的人生观和价值观。

拥有正确的人生观念才能为社会做出贡献，体现自身的人生价值。所以，在语文教育教学中要培养学生正确的人生观和价值观，要分清真善美与假恶丑。通过语文教学中的审美教育确立学生积极进取的人生态度。在聋校语文教学中应用审美教育对学生形成正确的人生观和价值观是非常重要的。

在聋校语文教育中审美教育是非常重要的也是必要的，它关系到学生自身的发展，对学生人格的形成和身心的健康起到很大的作用，它可以帮助学生摆脱困境、正视人生，积极面对生活中的种种困难，在遇到困难时能够自我调节，不至于走极端。在语文教育中应用审美教育可以提高学生的道德修养，使他们拥有正确的人生观和价值观。所以在聋校语文教育中教师要重视审美教育，要把审美教育巧妙地应用到语文教学中去，使学生能理解并应用到现实生活中去。

参考文献

［1］汪飞雪.听觉障碍学生教学法［M］.天津：天津教育出版社，2007.

［2］刘春玲，江琴娣.特殊教育概论（第二版）［M］.上海：华东师范大学出版社，2016.

［3］牛宏宝.美学概论［M］.北京：中国人民大学出版社，2012.

［4］陈建伟.中学语文课程与教学论［M］.广州：暨南大学出版社，2008.

［5］刘学兰，陈筱洁.心理学［M］.北京：清华大学出版社，2013.

特殊教育学校声乐教学方法的探索与研究

梅州市特殊教育学校 杨吐艳

每个个体的歌唱条件不同，对于特殊学生而言，尤其是盲生，因为生理的独特性，在声乐教学的时候，需要使用相应的教学方法，调动学生学习声乐的热情，使他们发挥自身听觉灵敏的优势，利用合理的教学方法对盲生展开教学。

一、以听力代替视力的教学方法

虽然盲生失去了视力，没有了光明，但是他们却具备常人没有的听觉，因此，特殊教育学校教师在对盲生进行声乐教学的时候，需要对此优势条件进行利用，并且教师需要拥有示范能力。

首先，对于旋律模仿而言，教师在教学声乐的时候，需要对盲生进行旋律的教学，而盲生能够使用的教材比较少。所以，在教学的过程中，教师需要对旋律展开教唱，包含歌词内容与发声练习等，并且盲生因为生理方面的问题，常常更加渴求学习知识，他们也拥有着非常强的记忆能力，所以教师在教唱的时候，盲生可以快速进行记忆。此时，教师需要重视旋律的准确与呼吸的位置，防止出现事倍功半的情况。

其次，对于声音模仿而言，教师在教学发声的时候，应该充分利用盲生听力方面的优势条件，教师进行示范，盲生进行模仿。在此过程当中，教师能够使用对比办法，也就是准确与错误的声音展开比较，让盲生使用自己的听力展开分辨，进而对合理的发声方法进行掌握。

最后，对于乐谱而言，教师把乐谱翻译成盲文，方便学生摸唱，只有掌握了乐谱，才能更好地唱准旋律。盲生经常依照自身的意图对盲文符号进行标注，音乐素养比较高的学生会进行二次创作。因此教师在对盲生进行教学的时候，需要示范和盲生模仿相结合，对乐谱进行熟练掌握，对作品展开二次创作。

二、以触觉代替视力的教学方法

特殊教育学校教师在对盲生进行声乐教学的时候，一般情况下，会让盲生展开形体方面的模仿，例如，在歌唱的时候，口腔是怎样打开的，而歌唱的表情应该是怎样的，等等，这样的教学对视力正常的学生而言非常轻松，然而，对于盲生而言较为困难，需要利用盲生的触觉，手把手进行教学。

例如，教学的时候，让盲生展开 a－e－i－o－u 的练习，此练习的重点主要是字母咬字的时候盲生口腔的改变情况，此时，教师可以让学生根据手指高度实现 a－e－i 三个字母，手指宽度实现 o－u 两个字母，也就是说，a－e－i 元音发音的时候，嘴巴在张开的时候由容下三个手指高度不断向两个与一个进行递减，而 o - u 发音的时候，嘴巴在 i 的前提下，左右宽度从三个手指宽度不断递减，这样盲生可以对嘴巴张开的程度进行直观感知。

进行歌唱的前提主要是合理进行呼吸，在歌唱当中应该使用胸腹进行呼吸，在呼吸的时候应该充分。然而，常常无法让盲生对呼吸方法进行直观感知，此时，教师应该让盲生把手放在自己的腰腹与胸口，对胸腔呼吸、腹式呼吸进行感知。而教师在歌唱的时候，也可以让盲生把手放置在腰的两边，对教师歌唱时候的腰腹运动展开感知，进而对呼吸时候的运动情况进行感知，从而熟练掌握如何进行合理呼吸。

三、用教师形象的语言表达引导教学方法

声乐教学和其他教学存有一定的差异性，无法使用直观的手段进行展现，应该更多地进行想象与体会，其是人类个体器官进行协调的成果。对于视力正常的学生而言，也没有办法对歌唱情况进行感知，对于盲生而言更加困难，进而要求教师声乐教学的时候，应该把歌唱体验使用生动且形象的语言展开指引，而在歌唱的时候，也应该对盲生展开合理分析与判定，并且将其传递给盲生，让盲生可以对歌唱方式进行调整，进而得到优美的声音。

例如，在歌唱咬字的时候，需要经过触觉对嘴巴张开情况进行体验，然而，没有办法对舌头的情况进行感受，进而要求教师使用语言展开描述。在教师表明舌头需要放松且喉咙打开的时候，不如说是张开嘴巴打个哈欠的感觉，这样可以让盲生拥有直观的感知，进而对发声技巧进行全面掌握。

四、用教师准确的辅助动作提示的教学方法

教师在声乐教学的时候，有时候不管如何使用语言进行表达，都没有办法让盲生及时且正确地进行掌握，此时，教师可以利用辅助性动作展开教学。例如，盲生歌唱的时候，可能感受不到气息和声音之间的对抗性，进而无法实现气息的支撑，教师能够使用此办法，在盲生歌唱的时候，教师可以

用手顶住盲生的后脑勺，并且向前推。这样的时候，盲生要想保证自己不摔倒，便会腰部与腿部共同用力，使身体紧绷，这样盲生的气息便会下沉，而喉部也会得以放松，进而实现声音与气息之间的统一性。但是，这样的办法也不能够一蹴而就，教师应该展开语言指引，并且让盲生进行长时间的练习，只有这样，才可以对其进行掌握，这样的辅助动作可以帮助盲生对歌唱方法进行掌握。

再如，歌唱的过程中，要想喉部放松非常困难，因此，在盲生进行歌唱以前，教师需要拉住盲生的手，并且维持着向下的抻拉情况，在开始进行歌唱以后，教师需要依照盲生手部紧张情况对他们的手臂进行晃动。经过这样的练习以后，盲生的身体便会放松，那么喉部也会慢慢放松，利于盲生的歌唱。

五、结束语

我国教育事业在不断发展，更加应该重视对盲生进行教育，重视对盲生的声乐教育，鼓励越来越多的人参与到盲生音乐教育当中，让盲生得以健康成长。

参考文献

[1] 杨菁，刘文静.声乐教学中的美育渗透 [J].中国成人教育，2011（3）.

[2] 徐莎莎.浅谈声乐教学中艺术修养的重要性 [J].科教文汇（下旬刊），2009（9）.

特殊教育学校视障生钢琴教学方法的探索与实践

梅州市特殊教育学校　吴颖谦

视觉障碍给视力残疾方面的学生们带来严重的认知功能障碍，在一定程度上严重限制学生们身心健康的全面发展，促使学生们很容易走向自我封闭、自我抑郁的误区之中。在特殊教育学校的教育过程中，钢琴音乐教学给视障学生们带来审美方面的快感，再加上特殊的教育功能，有效地弥补原本学生们在心理和生理层面存在的不足之处。特别是对于钢琴音乐教学来说，充分发挥视障学生们的自我记忆功能、听力方面的优势，培养视障学生的音乐素养。

一、视障学生的相关概述性分析

1. 概念分析

在特殊教育学校之中，钢琴音乐教育的受众群体是视障学生。视力障碍，指的是因为不同原因，导致双眼视力障碍或者视野缩小，和正常人相比较，从事某种活动、学习、工作可能都比较吃力，它包括眼盲和视力低两种情况。基于此，我们将视障学生进行以下的解释：因为受到不同的原因导致双眼的视力障碍或者视野缩小，不能像正常人一样从事相应的学习等活动的一类群体。

2. 基本特征分析

（1）生理方面的特征

首先，视障学生动作发展更缓慢。正常视力的学生们具有很多可能性的学习活动，比如，对于看到的物品可以随时拿起、放下，这一简单的动作对于自身肌肉的耐力和肢体协调性具有一定的帮助作用，有效地提高自身运动能力的发达。视障学生在少年时期，因为视力的限制而从事的活动比较少，和物体接触的负面体验，也制约了视障学生们和外界接触的期待。

其次，视障学生的行为动作不规范。在身体形态方面，视障学生很容易出现盲态、盲相的情况，具体来说，视障学生一直重复和正常人的行为动作存在一定差距的不良动作行为习惯。大部分视障学生具有明显盲态，这一类群体的动作行为经常是弯腰驼背、亦步亦趋、身体摇晃、肢体动作不太协调、眼睛眨啊眨、面部表情很不自然，等等。出现这样的动作行为都是因为内心极度自卑导致的，还有就是自身视力的问题，不能看到正确的姿势，在小的时候家长没有对此进行正确的规范、约束。

（2）心理方面的特征

视障学生心理活动需要遵守正常学生们的基本发展规律，但是因为缺乏有效的视觉活动，从而表现出和正常学生们有一定偏差的认知发展特征。视障学生因为视力受到损害，所以对于外界事物的感知只能依靠听觉、触觉。不同程度的视觉损伤在一定程度上也会影响视障学生的听力和触感，也就是说当某一个感觉器官受到损害，那么其他感觉器官在经过相应的训练之后，本身的功能也会随之放大，甚至比正常人还要灵敏。视障学生借助听觉和触觉来感知这个世界，通过听声音、摸物品来判断是什么东西，虽然眼睛有障碍问题，但是借助耳朵也能丰富自身的想象空间。通过对物品的触摸感知，了解其大概的轮廓，从而锻炼视障学生们自身的逻辑思维能力。在经过长年累月的训练之后，视障学生可以快速摸、读盲文，通过接触不同物品来认识其大概的形状、轮廓，等等。

二、视障学生学习钢琴音乐的可行性分析

视障学生因为本身视觉上存在的问题，接受外界信息主要方式就是依靠耳朵，这就意味着对外在的声音刺激，尤其是利用声音来表达自我情感价值

的艺术形式具有强烈的共鸣性。首先，因为视障学生本身的"生理代偿"功能，视障学生敏锐的听觉和触觉可以帮助他们提高自身的音乐感知能力。在经过大量的训练之后，对钢琴演奏技巧也能得到大幅度的提升，而且在一定程度上也提高了钢琴演奏技能以及音乐表现能力。其次，盲文乐谱的出现，给视障学生学习钢琴音乐提供巨大的便利条件。盲文乐谱是一个比较完整的记谱体系，它囊括了钢琴演奏过程中存在的各种音符、表情记号、速度记号等一系列知识，视障学生通过触摸、读盲文乐谱来学习更多的钢琴演奏的理论知识，从而解决看不见的障碍问题。最后，视障学生的内心世界也需要借助音乐进行宽慰、慰藉，这是视障学生学习钢琴的内在动力之一，因为视障学生在学习、生活、工作之中的范围比较狭窄，在精神层面更期望和他人建立良好的交流、沟通机制。都说"兴趣"是最好的老师，视障学生能够顺利地和别人交流、沟通、聊天，是学习钢琴音乐的基础便利条件之一。

三、特殊教育学校视障学生的钢琴教学方法

1. 集体教学

把同样视力障碍程度并且可以弹奏一整首的钢琴曲目的学生们组织在一起进行集中授课教学。在整体钢琴教学过程中，对钢琴演奏的讲解以及对曲子的解读，可以实施整体教学，这种集体教学的方式能够节省更多的教学时间，从而留出更多的训练时间给视障学生们。在视障学生进行交流、讨论的时候，老师可以在第一时间给予相应的指导。

在集体钢琴演奏过程中，视障学生可以互相聆听、互相学习，从其他同学们的钢琴演奏之中获得有效的知识技能，在互相学习、交流之中找出自身存在的不足之处，善于发现其他同学身上的闪光点，将他人的优势学习借鉴来，转变成为自身的技能，另外也可以防止出现类似的问题。在小组教学过程中，老师可以提示视障学生要善于选择最合适的方法进行精准的钢琴演奏，启发视障学生的演奏思路，激发视障学生们的逻辑思维能力，引导视障

学生对不同的音乐进行更为全面的分析、比较，在自身的理解基础之上做出正确的价值判定，提高视障学生的音乐理解能力。

2. 一对一教学

在对视障学生的钢琴教学过程中，一对一教学是钢琴教学之中选择最多的一种教学方法，一对一教学方法具有针对性更强、更直接、时效性高等基本特征，让视障学生在学习钢琴演奏的时候效率更高。而且一对一教学可以真正地实现和老师实时沟通、交流，哪里不会、哪里不懂可以第一时间进行询问，老师也能在第一时间给予解答，同时也更有利于老师全面了解视障学生的实际钢琴演奏情况。在钢琴教学过程中，一对一教学方式是老师和视障学生交流最多的，学生们反映的问题也比较烦琐，在整个教学期间，老师要针对视障学生提出的问题进行详尽的回答。而且，老师要结合视障学生的性格特点、实际钢琴演奏情况，选择最适合视障学生的教学方式，为其量身定做一套专属的教学方案，不断挖掘视障学生身上的音乐技能，充分发挥好视障学生的示范指导作用，从而为视障学生钢琴演奏技能的提升奠定良好的基础。

3. 助理教学

在整个班级教学之中，视障学生们之间的学习情况也是存在一定的差异性，部分视障学生对于钢琴演奏的理论知识和实践技能掌握得更快，但是还会有一部分表现得比较迟缓、迟钝，不能更好地跟得上老师的教学节奏。面对这种情况，在特殊教育学校的钢琴教学过程中，每一个钢琴老师可以再聘请一个专业的教师助理，帮助钢琴老师辅助上课。助理的选择最好有一定的专业性、有一定的亲和力，更好地和学生们进行交流、沟通，便于节省更多的教学时间。与此同时，教师助理的出现，可以帮助教师解决一部分教学困难的问题，老师继续教学学习慢的视障学生，而助理可以带着学习快的视障学生开始特殊训练，利用助理教学的方法，能够带动整个班级的视障学生实现自我进步、自我发展，提高钢琴教学的效率和质量。

4. 小组课

特殊教育学校开始呈现越做越大的趋势，数量在增多、办学规模也在不断地扩大，但是师资力量却明显不足，面对这一问题，就可以借助钢琴小组课的教学方式。钢琴小组课一般都是由五六位专业程度不错的学生组建的，在钢琴老师教学期间，由这五六个学生对其他视障学生进行示范演奏，重点讲解其中存在的重点、难点教学内容，引导视障学生们积极、主动地参与到钢琴训练之中。视障学生们通过和老师、示范生之间的交流、讨论，加深对于钢琴知识的理解，充分调动视障学生参与钢琴学习的积极性。在特殊教育学校之中，普通学生们在学习钢琴知识的基础之上，为其他视障学生学习钢琴的识谱知识内容做出更全面的内容补充，在帮助视障学生们分析乐谱的时候，不仅巩固学习的专业知识、技能，而且，也能帮助视障学生提升他们的钢琴音乐技能。除此之外，充分发挥视障学生自身的听力优势，为普通学生在钢琴演奏过程中提供更为新奇、另类的想法。这样小组课的教学方式，开阔了视障学生们的学习空间，更好地实现同学之间的交流、沟通，拉近同学之间的感情，为普通学生和视障学生之间建立良好的合作关系奠定了更为坚实的基础。在大大增强钢琴教学质量的同时，也在课堂之上建立团结协作的课堂教学氛围。

四、结语

综上所述，在特殊教育之中的视障学生们钢琴教学是一门具有重要意义的教学工作内容，它本身具有一定的专业性、特殊性，是一门将艺术和技术紧密联系在一起的基础学科。对此，在特殊教育学校的实际钢琴教学过程中，重点针对视障学生们这一类特殊群体，不断总结传统教学模式之中存在的经验、教训，积极探索适合视障学生们钢琴训练的教学方法，为特殊教育学校中视障学生们的钢琴音乐教育做出巨大的努力，提高钢琴音乐教学的质量和效率。

参考文献

［1］黄岱.特殊教育学校多元融合协同办学模式的探索与实践——以湛江市特殊教育学校"5+N+5"模式为例［J］.师道·教研，2020（3）.

［2］杜小琳.职业院校视障学生英语听说教学认知策略实践研究——以山东某特殊教育职业学院视障学生为例［J］.齐齐哈尔师范高等专科学校学报，2018（2）.

［3］张燕.高职院校校企合作背景下学生管理工作方法探析——评《新时代大学生管理工作的探索与实践路径》［J］.林产工业，2019，332（12）.

［4］李桂枝，王艺霖.特殊教育高职院校视障学生心理健康状况调查与分析［J］.科教文汇（上旬刊），2020（13）.

第三节　他山之石

走进中国台湾，情系特教

梅州市特殊教育学校　姚生平

2016年11月17日至26日，由广东省教育厅教师继续教育指导中心部署、华南师范大学特殊教育学院统筹组织了"2016年度广东省特殊教育学校校长赴中国台湾研修项目"第二批培训学习活动。该活动目的是学习借鉴中国台湾特殊学校教育办学理念和经验，提高广东省特殊教育学校校长管理素质和能力水平，进一步推进广东省特殊教育学校校长队伍建设。我们一行23人历经台北、台中、台南等地，参观访问了中国台湾的特殊教育学校、资源中心、普通学校、师资培训院校等机构，聆听中国台湾特殊教育专家、学者、老师的专题讲座，学习到了很多关于特殊教育的新知识、新理念、新方法，感悟良多，受益匪浅。下面我就将自己的参访学习感受分享给大家。

一、紧凑的行程合理的安排

几天的行程安排得相当紧密。先是参加海峡两岸特殊教育高端论坛，这是一场高规格、大场景特教论坛。陈云英教授以自己几十年的"特殊教育之旅"作为背景，展示了东西方特殊教育的简史、特征，让我领略到大背景下特殊教育新时代的广阔发展前景。邓猛教授从随班就读到融合教育以及融合教育面临的挑战与应对两个方面，剖析当前中国特殊教育面临的诸多困惑和挑战。吴武典教授介绍了中国台湾"国教"课纲的缘由及主要内涵，再说明十二年"国教"特殊教育课纲规划的缘起、"法"规依据、研修特色与主要项目。范兆雄教授从创办"海峡两岸特殊教育高端论坛"作为题引，讲述"论坛"开办缘由；回顾岭南学院特殊教育创办经历，与中国台湾屏东大学共同创设"七加一特殊教育师资培育模式"。海峡两岸特殊教育高端论坛格调高、规模大，气氛融洽，场面热烈，群英荟萃，让我们享受了一席珍贵难得的特殊教育盛宴。然后，我们先后到屏东大学、屏东特殊教育学校、屏东县特殊教育资源中心、台北教育大学、台北中山国小、台北信义小学等学校进行参观学习。饱赏中国台湾特殊教育名家的讲座和校长的分享，通过听讲座和参观学习，我们了解到特殊教育在中国台湾整体的发展历程和现状，屏东县、台北市以及一些大学关于特殊教育的理念和特色。中国台湾特殊教育从身心障碍儿童的行为问题诊断处理、正向行为支持与辅导策略、应用绘本提升特殊教育需求学童的语言及叙事能力以及融合教育等方面令我印象深刻，使我对特殊需要学生和融合教育有了更进一步的认识。

中国台湾城市公共建设中残障人士设备设施相当完善，盲道、无障碍通道、残障人士厕所、残障人士营业窗口等几乎没有死角；残障人士横过马路时，不管红绿灯司机都会主动停车让道，残障人士自主参与社会活动十分便利；好环境好意识高素质，处处彰显现代文明的气息。来到每一个城市，走在中国台湾的任何一个地方，都能感受到她的干净、整洁、有序，都能体会到中国台湾人民的热情好客和文明真诚。所到之处，到处都是干干净净，美观整洁，没有堆放的垃圾，没有违规驾驶的车辆，也见不到维护秩序的警察。机场候机、景区拍照、饭店用餐都是井然有序；无论多么热闹的地方都难见有人大声喧哗，都是彬彬有礼；服务行业服务态度好，文明用语多。就连带我们的导游和大巴司机都让人感到舒服和高素质。公共场合见不到吸烟的人，一切都让人感到现代文明无处不在。

中国台湾特殊教育起步较早。1891年英国传教士William Campbell在台南洪公祠设立"训瞽堂"招收盲人，传授《圣经》、盲文、手工艺等科目，是中国台湾特殊教育的开始；经过一百多年的发展，现阶段中国台湾特殊教育普及率非常高，从幼儿园、普小、特教学校、职中到高等院校都开设特殊教育。中国台湾地区的特殊教育经过多年的努力与发展，在理念上重视特殊教育与普通教育结合，在实践中强调具有特殊教育需求的身心障碍学生尽可能地从高墙围篱的束缚中走出来。特殊教育的发展水平是衡量一个国家经济和文化水平的重要标志。中国台湾地区特殊教育发展一直紧随美国的发展模式，目前已形成独具特色的特殊教育体系。中国台湾特殊教育就学安置形态多元化与细致化，除了统合教育，同时还兼采特殊教育学校的就学安置方式，另外，还开办特殊班、资源班、巡回辅导等，显示出中国台湾特殊教育就学安置形态日益朝着联合国及有关国际组织倡导的融合教育方向发展。

二、中国台湾的特教牢固的基础

通过参观学习，我觉得中国台湾特教发展的先进性体现在了以下几个方面：

一是制度健全，"立法"保证。中国台湾通过"立法"的形式建立特殊教育行政体系及管理制度，推进特殊教育向规范化、法制化方向发展。有了法律的依据，台湾的特殊教育提出了如下观念：①应尊重特教学生的受教权；②特教与身障权益应相配合；③落实特教思潮的融合教育；④提供最少限制的特教环境；⑤身障与资优并重均衡发展。中国台湾特殊教育行政支持及运作架构比较完善，多方联合推动特教事业的发展。为落实特殊教育工作，各级教育主管部门均"依法"设立了专责单位，组建了"特殊教育咨询委员会""特殊教育学生鉴定及就学辅导委员会"，分区建立了"特殊教育资源中心""身心障碍专业团队"等机构，全方位服务于特殊人群。

二是融合有度，工作有序。中国台湾特殊教育是以特教学校、资源中心为支撑点，涵盖幼稚园、普通小学、中学、大学的全学段的融合教育。普通学校就近小学、中学、高校按比例招收特殊学生随班就读，每所学校都配备有特教老师和资源教室，开展本校特殊教育，不足部分由特教学校、资源中心提供支持。中国台湾地区特殊儿童的教育安置途径有特殊学校、特殊班、资源班、巡回辅导、床边教学和普通班六种形式。特殊班是指附设于普通学校，以特殊学生为招收对象的特殊教育班级，也称为自足式特殊班；资源班则是指接受该种措施的特殊学生部分时间在普通班与普通学生一起上课，部分时间到资源教室接受资源教师的指导；巡回辅导则是由巡回教师在不同学校之间提供巡回服务；床边教学则是对无法离开病床的儿童进行辅导。只要有特殊教育需求的孩子，我们都可以看到特教教师或资源教师，教师依照学生的需要因材施教，实施个别化教育方案。中国台湾的特殊教育学校招收的都是重度、极重度的残障学生，一般设有"国小部""国中部"和职业高中部。中国台湾特殊教育最突出的特点就是康复治疗贯穿于学生整个的学习生涯甚至终身，职业教育课程设置以附近社区就业环境为基础。从国小到大学每一位学生都有完整的档案留存，包括初期的评估、教育诊断、IEP训练计划以及课堂学习记录。让每一个孩子的训练都落到实处，更能凸显学生的闪光点。

三是师德高尚，倾情特教。在中国台湾，教师是一个高尚的职业，年轻人都愿意考取师范院校，争取成为一名老师，特殊教育老师更是年轻学者争取的热门职业。中国台湾的特教工作者具有良好的责任心、事业心，是真真正正安下心来，带着一种责任感和使命感来从事特殊教育。他们都经过特殊教育大学三年的专业学习，兼备一定的教材、教具自主开发能力，具备主修科目以及其他领域的专业技能、良好的合作及组织管理能力、爱生如子的师生情感与终身奉献特教的职业精神。他们利用课余时间搞研究，做课题，进修学历。教师还要学一些职业教育技能，满足不同程度孩子的需要，还经常参加各种学具的研发、教材的编撰、评量工具的研发，等等。在这里特教博士、硕士、研究生比比皆是。由此可以看出，中国台湾特教工作者的自身素养和专业素质非同一般。林坤灿教授说："自己已经到了退休年龄，完全可以在家休养，之所以这么拼命，是想在特教留下点什么。"78岁高龄的林宝贵教授年老体弱，可是只要她一进课堂，整个人就神采飞扬，精神抖擞。他们是真的全身心地投入特殊教育事业中了。中国台湾特教人的敬业精神和业务素养令我景仰。

三、真切的感悟个人的收获

通过这次培训，我切身感受到特殊教育在中国台湾地区的发展，有了很大的收获。通过两岸特教和特教人的对比，我感触很多，也找出了差距和努力的方向，真切认识到自己还需要在不断的学习探索中成熟起来。

一是要加强学习，不断提升自我。首先，要向优秀的特教校长学习。学习他们的管理经验，带领学校教师学习新的教学理念和教学方法，努力打造独特的校园文化和办学特色，尽快形成以学生为核心，以人本教育理念为统领的和谐校园环境。其次，要打造一支讲团结、有爱心、肯吃苦、能奉献的教师队伍。校长首先要身体力行，率先垂范，要敢于深入接触，善于换位思考，乐于带头奉献；要悉心关注残障学生的生活和发展需要，急学生所急，想学生所想，并以自身良好的形象，感染、带动全体教职员工，施展才干，倾注爱心，甘于奉献，共同营造爱心校园氛围，让爱的奉献主旋律响彻校园的每一个角落。最后，要更加努力地去学习有关特殊教育的知识和理念，提高自身的特教素养，丰富自己的特教知识，不断掌握管理特殊教育学校和学生的方法。另外，校长也是教师，教师从事教育教学的主要阵地是课堂，在今后的教学中，我要争取做到每节课都能激发学生学习兴趣，调动学生学习积极性，让全体学生积极主动地参与自主、合作、探究性的学习过程，使课堂教学做到目标与手段一致，观念与行为协调，效果与效率统一。总之，要投身于特教课程改革研究，使自己向专业化、专家型教师发展。

二是要关注师生成长，不断推进学校各项工作。在融合教育的背景下，我们特殊教育学校将面临新的挑战，更需要与时俱进，不断改革与发展。我们知道，随着随班就读工作的开展和资源教室建设的推进，特殊学校将在随班就读支持保障体系中占据越来越重要的地位，特殊教育学校需要转变职能，更好地促进融合教育的发展。通过学习，我深切地体会到，在今后教育教学中，要不断研究学生的心理特点，了解学生常见的心理问题和心理障碍，要在教育教学理论指导下，在实践中探索学生心理健康教育的内容和方法，将心理健康教育渗透到教育教学的各个环节，让学生健康、快乐地成长。2017年国家将实行特殊教育学校新课标。在新的形势要求下，要对教师进行专业发展的引领。第一，要在转变观念上做文章。在老师学习提高、探索实践的方法上给以引领，过程上给以组织、协调。第二，要为教师发展创设良好平台。要让教师在发展中有展示的空间，有收获成功的喜悦，不断提高老师的自信心，比如解决培训的问题，帮助老师解决生活、工作中遇到的问题，建立多层次的激励机制问题。第三，要强化学习型组织的建设。要构建有利于促进教师专业发展的继续教育运行机制，锻造教师精良的业务能力，良好的协作意识和勃发的创新精神。第四，要建立富有激励性的考核评价机制，组织引导公开、公正、公平的有序竞争。第五，用文化的力量感染并带动教师发展，全方面地营造专业发展氛围。引导和帮助教师从实践中学习，在反思中进步，不断提高广大教师的有效性教学和教育科研能力。做好课题研究向纵深推进，通过课题的研究，切实提高广大师生开展有效性学习方面的认识和能力，培养一批对有效性教学理解到位又具有丰富实践经验的教师团队，引领他们成为专家型教师。

三是要做好一个领跑者，引领学校向前发展。学校是人才培养的摇篮，特殊教育学校也应该成为特殊人才培养的摇篮。所以，学校必须遵循特殊教育发展规律和残障学生身心发展规律，尽最大可能为学生提供多样化、个性化的特色教育。要广泛开展丰富多彩的技能竞赛和培训活动，以竞赛促培训，以培训促发展，让残障学生在竞赛中锻炼勇气、提高能力，享受成功，成为自尊、自信、自强、自立、能适应社会的正常公民。这就必须要进一步明确以人为本的办学理念，让它成为一所学校生机盎然的发展要素。人本思想充分尊重了教师的主体性，执行一种开放式的教育管理措施，认为管理不是约束，不是界定，相信大部分教师是希望获得自我价值的，同时要求要以学生为本，学校所有工作都要以学生的健康发展为出发点落脚点。

要建立完善的考核评价机制。缺乏监督考核机制的学校管理，必然导致僵化的人际关系、散乱的校园氛围、缺乏活力的师资队伍。在这样的工作环境之下要想做好一番事业，也肯定是困难重重。创建一流的学校必须有一流的管理做支撑。科学系统的管理制度能使学校在规范管理中高速运转起来。要在完善的管理考核机制下让骨干教师红起来，让一般教师忙起来，让懒散教师慌起来，同时大力倡导并构建一种民主、平等、和谐的人际关系。在人际关系评价上，淡化挑剔，强化欣赏；在工作方式评价上，强化团队合作，在合作过程中强化竞争功能；在干群关系的心理环境上，强化民主意识，尊重教师意愿，认真落实校务公开制度，净化干部、教师心灵，陶冶师德情操。和谐的人际心理环境是教师合作的支点，它增强了学校的向心力和凝聚力，形成学校团结向上的良好氛围。

要提升学校文化管理境界。管理就是将自己的办学思想有目的地转换为广大教师的具体教育教学行为，去实现学校的发展目标和育人目标。也就是说，具体工作中必须把制度管理和文化积淀相结合，营造一个富有生机活力的民主化和科学化的管理氛围，让管理出质量，出效益，使学校充满生机与活力。

四、职高的经费合理的建议

毋庸置疑，让学生快乐成长，掌握一技之长，使他们早日融入社会自食其力，是特殊教育的终极目标。在考察路上，跟各位校长谈起经费的问题，遵照国家提升计划的要求，特殊教育必须向学前教育和职业教育两头延伸。结合梅州市特殊教育学校聋生多的实际，梅州市特殊教育学校这几年重点发展了聋生职业教育，也取得了显著的成效。自2013年始，连续五年有12位学生考取了重点本科。普通职业高中的生均经费比义务教育阶段普通中小学生均经费高几千元，而我们特殊教育职业高中的生均经费却停留在与普通职业高中同一水平线上。众所周知，办职业高中的经费远远高于普通高中，建设实习实训场地及设施设备的费用也不能与普通中小学的投入同日而语。因此，我认为，我们应该积极向教育及财政部门反映，特殊教育职业高中生均经费应该按照特殊教育的标准核拨，应该是普通职业高中生均经费的8—10倍，最起码不低于普通教育中学生均经费的8—10倍。不然，发展特殊教育的职业高中将会遇到无法克服的瓶颈。

五、结语

中国台湾一行，来去匆匆。中国台湾之行，受益多多。在了解体验中感受了中国台湾的教育，开拓了自己的视野，丰富了自己的特教知识。回来不久，我就中国台湾之行对梅州市特殊教育学校教师进行了校本培训，效果不错。市教育局基教科听了汇报后决定这学期要开展全市特教教研活动，要求我为全市特教专干和学校骨干教师上一节公开课。我认为，我们应该根据本地区特殊教育的实际，结合中国台湾特殊教育的成功经验，尊重现实，取长补短，推陈出新，脚踏实地做好学校的各项工作，才是真正意义上的收获。

多少感慨，多少期待……

有《忆台湾》为证：

台湾好，

特教居潮头。

多元安置走融合，

教医结合应需求。

两岸多交流!

希望基层一线教师特别是骨干教师也能有这样的学习机会。

第四节　信息技术与学科教学融合研究

基于信息技术下聋校数学教学策略的研究

广东省梅州市特殊教育学校　宋利芳

随着现代科学技术的不断发展，新课程改革的不断深入，信息技术已广泛运用于教育教学的各个领域，也给特殊教育学校的教育教学带来了生动活泼的新局面，使教学步入一个更高的境界。主编卢江在新教材的特色解析中指出教师在聋校数学课堂教学中要充分体现新课程的生活化、游戏化及动态化。充分利用互联网信息技术的灵动、交互等优势，有效地创设多元化、多种学科融合、趣味性强的生活数学课堂，营造一个多姿多彩、图文并茂、声行并具、动静结合的教学情境，能帮助教师在课堂上更加有效地提高聋校数学"三化"教学，激发学生学习兴趣，进而突破重难点。

一、利用信息技术，提高数学素养与水平

"数学的本质在于化复杂为简单。"这是数学家陈省身提出的，意思是学过的数学知识多数会被学生遗忘，但掌握的数学思想却会让学生终身受益。在聋校数学教学中不仅要做一个知识的传授者，更要结合学生年龄、生活经历、理解能力，着眼于反映和体现数学内蕴的思想，搭建平台让学生逐步渗

透数学思想方法，提高数学素养与水平，提高解决生活实际问题策略的水平。

例如在教学"比多少（三）"一课时，我认真揣摩教材，确定教学目标，使用"班级优化大师"巧妙地组织学生开展教学活动。引导学生在电脑上给物品配对、排列或连线，实现初步认识"一一对应"的概念构建其表象的目标。形象逼真地把简明扼要易懂的生活素材搬进课堂，并给予学生对素材可拖拽、可连线等操作的线上技术平台，使教材变静态为动态，变抽象为具体，变复杂为简单，引导学生充分发挥视觉、触觉、运动协同作用，在动手中思考，在观察中分析，把外在可见和内在不可见的数学思想方法印在大脑里，从而进一步调动他们的学习兴趣，努力做到教法、学法的最优结合。同时，我们要注意到这个节点的教学看似简单浅易，但也具有多元性。在渗透课程标准和要求上，利用信息技术翻转课堂，课堂教学因为有了信息技术的支持，更加直观化、形象化、生动化，更有效地渗透数学思想，让学生在获得感性经验的基础上建立物体"多"与"少"的概念，体验到数学知识与数学思想方法的产生到形成的过程，提高解决问题的能力水平。

二、依托信息技术，获得丰富的感性认识

听障学生的学习思维能力普遍以具体形象思维为主要形式。这就促使在数学课堂教学中，教师会不可避免地遇到具体形象性与抽象概括性之间的矛盾。怎样去解决这一矛盾呢？我认为在遵循听障学生的认知规律上，依托信息技术和平台资源，能较好地把抽象性概括转化为丰富的感性认识。

如在教学"元、角、分与小数"一课时，我精心设计教学环节。在课前组织学生到超市进行自主购物，获得列清单、比价格、选商品、支付结账等活动体验，同时，我及时拍下教学所需视频或照片，制作课堂教学PPT。这样巧用多媒体信息技术展现教学情境，将真实的生活体验转移到课堂教学活动中，帮助学生理解并掌握元、角、分等常用的计量单位，在此知识基础上来支撑他们进一步学习小数。具体抽象的小数含义在熟悉的情境中得到形象化，学生能产生愉快的情绪和体验，再深入去学习比较小数大小的方法，和

学习小数的加减法。又如在教学"认识周长"一课中，学生很难理解周长概念中"封闭""一周"这两个关键词的意思，教学过程中需要着重去突破。对此我利用多媒体技术，大屏幕动态演示出"某同学沿操场跑步的三种路径"，并醒目地动态闪现出它们的边线，加深学生对"封闭""一周"含义的理解，从而进一步去探索周长的概念及运用。

三、巧用信息技术，掌握新知有捷径

听障儿童心理学研究表明：听障学生思维能力上的缺陷主要是由于没有掌握思维的重要工具——语言而造成的，反过来，这种思维特点又影响到对语言的理解和应用。听障学生的感官代偿功能主要表现为他们的视觉功能比较强，这就决定了侧重于视觉功能的教学手段在教学中的重要地位和作用。巧用信息技术最大程度上发挥听障学生以目代耳的功能，为学生创建良好的认知环境，掌握新知识提供捷径。

如在"多边形的内角和与外角和"这一章节时，我利用多媒体的动态特效通过移动对角线把多边形转化为三角形，这样变换使解题过程大大简化，使学生学习的兴趣上来了，解题思路清晰了，同时培养了学生思维的灵活性，并且使学生初步体验到"一点转换法""分割法"等数学方法。在教学时充分发挥信息技术的优势把知识之间的联系及规律表达出来，帮助他们有效地实现认知结构的构建和重组，提高数学课堂教学的质量。

四、善用信息技术，进行形式多样的教学反馈

运用同步课堂、云平台等向学生输送丰富的学科知识，帮助学生在"停课不停学"居家学习中获得了更大收益。但如何保障在线上教学课堂中检测学生学习情况呢？如是否已抓住学生注意力、参与度如何、学习效果是否达到。此时，教师可通过自制小程序、小鹅云课"摇号""抢答""限时答题"等应用工具，实现线上课堂互动、作业提交、情境创设、评价反馈等有效教学方法，激发学生的学习兴趣，凝聚学生注意力。

总之，基于信息技术下的聋校数学课堂教学关键在于授课者要认真挖掘教材，遵循听障学生的个性特点取长补短，探索出多样化的教学策略，帮助学生对数学学习产生浓厚的兴趣，提升学生数学素养和运用数学知识解决生活实际问题的能力。

参考文献

［1］卢江.《聋校义务教育实验教科书·数学》特色简析［J］.现代特殊教育，2017（15）.

［2］蔚言章，邵静霞.浅谈聋生数学应用题解题技巧和能力的培养［J］.现代特殊教育，2018（9）.

［3］张宁生，李玉影.听力障碍儿童心理与教育［M］.郑州：郑州大学出版社，2018.

信息技术促进聋校古诗教学创新实践探究

梅州市特殊教育学校　黄莺

全日制聋校语文教材中一共收录了十二首脍炙人口的经典古诗，虽然数量不多，但是对于缺乏听觉体验的聋生来说，这些融意境美、语言美、情感美为一体的古典艺术，是学习中的难点。实践证明，将信息技术与课堂教学进行有效整合，能提高古诗教学的效率，优化古诗教学过程。

整合的关键在于"整合点"的选择。所谓"整合点"，是在教学中引入信息技术的步骤或环节，教育部数字化学习支撑技术工程研究中心的钟绍春教授将其定义为：教学中任意一个步骤，只要信息技术支撑它的实施比常规教学手段好就称之为整合点。在教学步骤中一旦有整合点时，就有必要引入信息技术。因此，在教学古诗时，根据诗词的不同题材、不同情感以及聋生以视觉注意为主的特点，发掘和确定引入信息技术的最佳"整合点"，把聋生带进直观、生动的诗意世界，不仅能够突破传统教学中由教师"翻译诗意"的局限性，而且能够实现缺陷补偿，调动聋生的兴趣，激发情感，带动思维，启发想象，取得信息技术与教学整合的良好效果。

一、在"知诗人，解诗题"环节引入信息技术，拓宽聋生视野，激发学诗的兴趣

孟子认为，"颂其诗，读其书，不知其人可乎？是以论其世也"，即要准确把握诗歌作品中包含的丰富情感，一定要对作者的生平经历、情趣爱好、所处的时代背景等有一定的了解，才能与诗人心同此情，意同此理。要跨时空与古人为友，最有效的方法就是借助信息技术，带领聋生通过影片"穿越"到诗人的时代。

聋生在五年级才初学古诗，其中一首是公认的优秀儿童诗《咏鹅》，内容浅显易懂。这首诗相传是作者七岁时在池边玩耍，客人指着池中的鹅群要他当场赋诗，于是他就应声而作。动画片生动地讲述了骆宾王七岁作诗的故事，轻而易举地吸引住聋生的眼球，拉近了与小诗人的距离：池塘里一群大白鹅无忧无虑地嬉水，就像一团团洁白的棉絮在水面漂浮，红红的脚掌像小船桨一样划着水，清澈的水面上泛起扇形的涟漪。多么惹人喜爱的大白鹅啊！聋生不由自主地跟着骆宾王高声吟诵起来："鹅，鹅，鹅，曲项向天歌。白毛浮绿水，红掌拨清波。"

又如《早发白帝城》一诗，讲作者李白从白帝城乘船到江陵，途中行船的轻快和景色的壮丽，表达轻松喜悦的心情。只有了解了李白乘船到江陵的背景，才能理解他"由衷喜悦"的情感。教学前，先组织聋生观看有关李白的影片，了解李白：他是唐代大诗人，胸怀济世之志，但受权贵谗毁，志向始终未能实现，于是就将郁闷的心情放游于山水之间，长期在各地漫游，

结识了不少名人，写了许多诗文，后来被判罪流放夜郎。这首诗正是李白在流放途中，行至巫山遇赦东归，过了三峡回到荆州时所作。"千里江陵一日还""轻舟已过万重山"，诗人用夸张的手法将"千里"的路程和"一日"的时间做对照，生动地描绘了一叶扁舟在湍急的江水中飞流直下的情景，字里行间流露着诗人被皇帝赦免无罪时激动和欢乐的心情。影片讲述的故事让聋生与作者产生感情共鸣，知其人后再读其文，聋生理解诗意和体会诗中思想感情的难题便迎刃而解了。

二、在"明诗意"环节引入信息技术，发展聋生思维，品味诗句含义

古诗中往往因为有了一些感情色彩浓厚、个性鲜明、含义深刻的字词，才成为千古传诵的佳作。这些"诗眼"是整首诗的灵魂，也是引入信息技术最佳的整合点，理解了诗眼，能更透彻地理解诗的含义。

如北宋著名政治家、卓越文学家王安石的《泊船瓜洲》，写他在瓜洲停船靠岸，在月光下眺望江南，怀念家乡金陵。"京口瓜洲一水间，钟山只隔数重山。"靠岸的瓜洲和家乡钟山近在咫尺，却回不去，"只"字的妙用，将诗人的感情蕴含其中。此时打开电子地图，直观形象地展示诗句中几个地点的具体位置：瓜洲在长江北岸，与京口（现江苏镇江市）隔江相对，钟山就是南京的紫金山，代指南京。聋生明确了瓜洲与钟山之间的"近"，便能更透彻地理解这两句乍看起来是写眼前的景象，实际寓有深情，从"只"字可体会到诗人怀念家乡的深切感情。

这首诗还有个最著名的诗眼便是"春风又绿江南岸"一句中的"绿"字。据说王安石写此诗时，"绿"字原为"到"字，觉得不好，改"过"字，又改为"入"字、"满"字，经过十多次的修改，最后才选定"绿"字。为什么原用的那些字都不如"绿"字好？这时，用Flash课件展现的春风吹绿花草树木的画面。在观看演示动画的过程中，聋生就会在脑海中渐渐形成一个直观形象，体会到春风给江南披上绿装的精妙之处，从而理解"绿"

本是形容词，用在这里赋予它以动的形态，极富想象力，形象地表现出春风唤起长江南岸一片春色的动态美景。

三、在"悟诗情"环节引入信息技术，促使聋生探究，体会诗人表达的思想感情

诗词之美，美在深情。诗篇中浓浓的诗情，是打动读者的基础，只有被诗情感动，才能真正体会到作品中的情感之美，因此引导聋生走进诗人的情感世界，接受审美熏陶，是聋校古诗教学中的重要任务。

王维《九月九日忆山东兄弟》一诗，抒发了思念亲人的感情，情真意切，千百年来一直被人们传诵。聋生们离家住校，一个月才回家一次，对这首诗中抒发的思亲之情，他们有着切身体验，很容易与诗人产生共鸣，有利于探究学习。聋生自主探究的过程，就可以作为整合点，引入信息技术。

首先引导聋生分组上网收集文本、图像、视频等资料，拓展知识面，如查找作者王维生平经历、重阳节习俗、我国的传统节日、节日里合家欢聚的视频，等等，接下来指导各小组就各自整理出的资料进行交流、讨论。通过以上两个环节的协作学习，他们从网络上获取了不少信息：王维十七岁时独在长安，举目无亲，在重阳节时思念家乡亲人，百感交集而写下此诗；"茱萸"是一种有浓烈香味的植物，古人重阳登高，将茱萸插在头上，据说可以防灾避疫；在春节、中秋等传统佳节里，家家户户欢聚一堂乐团圆；"每逢佳节倍思亲"一句常常被人们引用，用来表达亲人、朋友之间的怀念之情……有了这些知识铺垫，再加上自己与诗人写此诗时高度相似的处境——不仅年纪相仿，而且都是独自离开家乡在异地求学，聋生与诗人产生了强烈的感情共鸣："独在异乡为异客，每逢佳节倍思亲。"他们被诗中发自肺腑的真情感动了，当诗人想到家乡的兄弟们时，他们也不由自主地思念起了家中的亲人："爸爸妈妈此时在做什么呢？爷爷奶奶身体还好吗？他们肯定也在想念着我！"这首情真意切的诗歌深深印在了聋生们的心坎上。

四、在"入诗境"环节引入信息技术，启发聋生想象，感悟诗词中独特意境

读诗的最高境界就是进入诗歌意境，但诗中抽象的审美意象往往让聋生觉得晦涩难懂，怎样让他们进入与诗歌水乳交融的艺术境界呢？这便是一个很好的整合点。运用多媒体展现色彩丰富的图画或视频能将诗意具体化、形象化，能够引导聋生真切地体验诗人所创造的那个景象和情感，为之动情。

如杜牧的《山行》一诗，描绘了由"寒山、石径、白云、枫林"构成的秋色图。虽然山、石、云、枫都是具体意象，但在聋生的脑海中，它们都是孤立的，并不能产生出诗人眼中的美感来。这个时候，在大屏幕上展现这样一幅画面：深秋时节的高山上，一条迂回弯曲的石头小径往深山延伸，在云雾缭绕的深林间，经霜的枫树，比春天的鲜花还要红艳，在山上漂浮着白云的地方，隐隐约约有几户人家，满眼的秋意，让人无限遐想……诗中有画，画中有诗，一幅壮美的秋色图就呈现在聋生脑海了。

又如王之涣的《登鹳雀楼》，讲的是诗人登上鹳雀楼看到的景物和产生的想法，全诗把景与理、景与情、情与理融为一体，浑然天成。"白日依山尽，黄河入海流"这两句描写了诗人在鹳雀楼上所见到的，仅用十个字就勾画出了祖国壮丽的山河。聋生难以将"白日、山、黄河、海"等意象组合在一起，也就无法领略到诗中描绘的"白日落山，黄河东流"景象，此时靠信息技术来支撑，用视频把书面语言转换成动态画面播放：在高处举目远眺，一轮落日靠着连绵起伏的群山快要沉下去了，黄河水正咆哮着向大海奔腾而去。诗中雄伟壮阔的时空之景由此在聋生头脑中形成了具体形象的画面，为理解后面的千古名句"欲穷千里目，更上一层楼"所蕴含的哲理做好了铺垫。想要看得更远，想要领略更多的景致，唯有再登上一层楼，站得更高。诗人积极向上、豪迈进取的高远意境就容易理解了。

五、结束语

综上所述，在古诗教学的课堂中，运用信息技术的内容要适当，时机要适时，频率要适度。每一次信息技术的使用，都要有明确的目的，都要是常规教学不能解决的，都要是最佳的整合，才可以有效激发聋生的学习热情，增强他们的视觉感官体验，有效弥补他们听力上的不足，使我们的语文教学变得更精彩。

参考文献

［1］肖迪. 信息技术环境下小学语文阅读教学的实践与探索［M］. 桂林：广西师范大学出版社，2012.

［2］全日制聋校实验教材语文教学参考书［M］. 北京：人民教育出版社，1998.

利用信息技术培养视障学生的数感

梅州市特殊教育学校　张慧琳

我国学者马云鹏和史炳星在《认识数感与发展数感》一文中提出：数感是人对数与运算的一般理解。在《全日制义务教育数学课程标准（实验稿）》中所指数感的内容是"对数的意义的理解；数的表达；数的大小的相对性；用数进行交流；算法的选择；数值的估算与解释"。它包括将数与实际背景联系起来，用数学的方法思考问题。《全日制义务教育数学课程标准（实验稿）》的总体目标中明确提出要使学生"经历运用数学符号和图形描述现实世界的过程，建立数感和符号感，发展抽象思维"。《盲校义务教育数学课程标准（2016年版）》与《义务教育数学课程标准（2022年版）》基本上是一致的，已明确地把"数感"作为数学学习的内容提出来。课堂教学是实施数感培养的主渠道，恰当地运用信息技术手段，能极大地帮助和提高视障学生数感的培养。

一、信息技术促进学生对数的理解与表示

低年龄段的学生数感的启蒙都是从数数开始的。很多学生在学龄前都能够很快地数数，但是却没有真正理解。在课堂教学中，运用PPT课件制作、微课、音频、剪辑播放学生们熟悉喜欢的动画等信息技术手段，创设真实生活情境，让学生在真实情境中，寻找身边熟悉的、具体的事物，在已有知识和经验中去理解数学。教学"10的认识"，在新课导入时出示故事"骄傲的9"，利用数字兄弟比大小的故事，让学生学习数的顺序和10的组成；接着利用课件出现一组组10的事物：一扎衣架10个，一盒鸡蛋10个，一张10元纸币……体会用数表示事物和数在交流中的作用，让学生感受数的意义，初步建立数感；最后在学习10的组成的环节，让学生跟着音频学习《凑十歌》。通过这些信息技术使教学内容生动有趣，富有动感，让学生真正得到数感的启蒙事半功倍。视障学生（全盲）虽然不能够观看动画，却对声音效果特别地敏感和兴奋。如在一年级的20以内的数数中，通过设计小猴摘苹果的动画音，学生特别喜欢一个个苹果被摘下来时的声音，先是小声地跟着数，后来是忍不住地越数越大声，越数越高兴。在学习区分几和第几时，通过剪辑播放动画片《拔萝卜》这首儿歌。学生们学习了几个人来拔萝卜，谁排第几，很快就能够区分几和第几了。优美的音乐、抑扬顿挫的声音，化静为动，动静结合，引起学生的学习兴趣。

二、信息技术促进学生感悟数与现实背景的关系

数学虽然时常让人感到很抽象，但它却是来源于生活。数感的培养也是从具体情景、日常生活中而来，充分利用身边的素材，用数学的眼光去认

识周围的事，让学生感觉数学就在我们身边。从学生已有的生活经验出发，结合具体事例去教学数学知识，当学生能够主动地或自动化地在生活中找到数、运用数时，说明学生切实把数同生活联系了起来，真正理解了数的意义，在培养了学生数感的同时也提升了数学素养。视障学生因为生理、心理的特殊性，缺乏感性认识，也缺乏空间想象能力。运用信息技术可以帮助学生跳出固用的生活模式，走出校门，行走在街道上，公园中，电影院……这些视障学生平时很少涉足，甚至是不可能到达的地方，往更广阔的环境中去，获取更多的感知和体验，拓展学习的空间，进一步强化数感，加深对数的意义的认识。学习"乘法的初步认识"，需要通过大量同数连加的算式题，帮助学生形成对乘法现实模型的认识。盲文课本中提供了游乐园的情景描述和点子替代图。为了让学生能更好地感受相同数相加与乘法之间的联系，通过PPT制作的动画再加上音频，创设了在游乐园中的活动情景，结合书中的点子替代图，让学生感受旋转飞机、小火车和过山车里人数的特点，深化认识了"几个几"的表示特征，构建了乘法算式的模型，真正理解数的意义。

三、信息技术促进学生恰当地运用数来解决问题

数感是运算、解决问题等的基础。让学生更多地接触和理解现实的问题，有意识地将现实问题与数量关系建立起联系，能够选择恰当的方法解决问题。运用信息技术，给学生创设了大量的贴近生活的场景，寻找生活中的问题，让学生接触了更多的数学知识，看到了丰富多彩的数学世界，开阔了学生的视野，满足了他们的强烈的求知欲望，从而不再局限于教师所讲，不再拘泥于课堂。通过联系实际，使学生获得数感的体验。在学习估算中，利用课件创设一个超市购物的场景，引出一个问题：一架电风扇的价格是302元，大约是（ ）元，妈妈大约要带（ ）元去买这架风扇。学生们很快就能回答出第一个问题：300元。在第二个问题上，有的同学说："买东西可以打折的，把尾数去掉，就是300元。"还有的同学说："买东西，钱要预算多点，要带310元去。"虽然是引起了不小的争论，但是效果却是可喜的。通过信息

技术将知识与生活经验建构起来，为学生提供开阔的思想活动空间，让学生充分感受到数学无处不在，从而获得丰富的表象和富有生命力的数学知识，使学生的数感意识得以提升。

四、合理利用信息技术，为培养学生数感服务

信息技术是一种教学工具，也是一种教学手段，要为教学服务。合理利用信息技术的优势结合教材的特点以及学生的生理和心理特点，为提高课堂教学和学习效果提供了教学辅助支持。培养学生的数感可以借助这些现代化教学辅助手段，来弥补传统教学的不足，有助于拓展学生的思维，但是不能过分地依赖信息技术。数感是一种数学素养，是对数的感觉，对数的直接感知能力，更离不开直观感受。数感的学习是一种经验性学习，在活动中，要让学生多摸一摸、看一看、掂一掂、比一比，需要有足够的直观经验和实践操作，才能在大脑中建立表象。

当然，数感的形成是一个循序渐进的、潜移默化的过程，需要在较长时间的充分体验、理解和体会中慢慢建立起来。教师在数学教学活动中，合理、有效地运用信息技术，创造性地运用教材，让学生们能够体会到数与数之间的联系，提高了学生的"灵活性"与"创造性"，以及主动思考的积极态度。创设有助于培养学生数感的情景，探索与之相适应的教学方法，把培养数感的任务落实到具体的教学过程，让视障学生数感的培养，起到了事半功倍的作用。让学生在对数的充分感知、感应和感受中，逐步形成解决问题的策略，形成良好数感，提升数学素养。

参考文献

[1]马云鹏，史炳星.认识数感与发展数感[J].数学教育学报，2002，11（2）.

[2]刘丽波.盲校学科教学与教法[M].北京：求真出版社，2012.

［3］马云鹏.数学课程标准（2011年版）专题解读——小学数学教师研修指南［M］.长春：东北师范大学出版社，2013.

［4］史宁中，吕世虎.对数感及其教学的思考［J］.数学教育学报，2006（2）.

现代信息技术在聋校高中数学教学中的应用成效

梅州市特殊教育学校　刘广安

现代信息技术与聋校高中数学教学的整合，可以利用现代信息媒体查找更多的教育资源，为聋生提供便捷的可视资源，满足聋生学习上的特殊需要，在遵循聋生的身心特点的基础上，更好地开发聋生的学习潜能，提升聋生自主学习和主动获取信息的能力。促进教师教学理念、方法的创新，提高教师在学校资源中心和网上搜索、转换、整合相关资源的能力，使每位教师理清自己在课堂中的角色和地位的前提下，引导聋生进行探索性、研究性、合作性学习。下面就探索信息技术在聋校高中数学教学中的一些应用成效来谈一谈我的看法。

一、学生个体的提升

1. 聋高中生信息素养的强化

在聋高中数学和现代信息技术整合中，引导学生树立较强的信息意识。在教学中如果不能有意识地正确引导学生，帮助学生树立正确的信息观念，难免会产生一些负面影响。例如：教师成功地让学生在网络世界里遨游，而学生却因为个人不良的思想倾向，利用它去浏览网上的不健康的信息，或沉迷于网络的聊天、游戏等，以至于无心向学，荒废了学业不说，还有可能走上犯罪的道路。由此可见，对学生加强信息素养的养成在很大程度上比现代信息设备的具体操作更为重要，这就要求各学科教师在运用现代信息技术的同时，能够经常地、有意识地对学生进行信息技术素养、道德、法规方面的教育和引导，而不仅仅局限于教会学生如何运用信息技术，才能帮助他们树立正确的信息观，养成良好的信息素养。

2. 聋高中生学习能力的增强

一个人信息素养的高低很重要的一条就是看他能否应用信息技术解决生活学习中碰到的问题。学生信息素养的培养绝不是某一门课程就能解决的问题。所以我们聋校高中数学教师应该在学生已掌握一定的信息技术能力的基础上，创设条件，积极倡导学生应用信息技术转变学习方式，让学生有机会运用信息技术学习，进而学会利用信息技术进行学习，在学习上更加善于搜索、加工和充分利用网络上的知识信息，让自己随时随地可以自学，从而增强学生的自学能力。例如：在手机上搜集所需的学习资料、在电脑上观看解题过程等。

3. 启迪聋高中生的思维，培养创新能力

在现代信息技术环境下，教师利用信息技术整合出精彩纷呈、动静结合、图文并茂的课堂语言情境，如此立体的、丰富的、有趣的呈现方式，能从多个角度去唤醒和感染学生，有利于激发学生的好奇心和强烈的求知欲，极大地提高学生的注意力集中度和行动参与度，从而提升整个课堂教学效果。信息技术能够促进学生自主探究学习，能够帮助孩子培养逻辑思维能力和抽象思维能力。因此教师在设计多媒体课件时，要充分尊重学生的差异性，从多角度、多方位设计教学的内容，集文字、声音、图像、动画于一体生动形象地呈现教材中的语言材料。而学生可以充分利用信息技术和网络资源来弥补教材和课堂学习的不足，还可以根据自己的兴趣爱好，选择性地进行学习。教师更要鼓励学生通过自主学习或合作学习的方式，有原则性地、有独到见解地去完成任务。在学习的过程中，学生的个性化思维得到培养，语言能力得到训练，创新能力得到提升。

二、助力学生听力缺陷的补偿

聋校的一切工作或一切活动都是以为了满足聋生的特殊教育需要为宗旨，所以我觉得在聋校高中数学教学中，要尽量利用现代信息技术充分尊重、满足聋高中生康复上的一些特殊需要。而听觉言语康复是聋教育上的第一需要，因为听觉言语障碍会给他们一生造成比较大的影响。尽量减少这种障碍所带来的困扰有利于他们的生活、学习、交往，并且能帮助他们最大限度融入社会。在数学教学中应用多媒体技术也可以有效地对聋高中生进行听力补偿和言语训练，如运用多媒体鲜活、形象的特点，在教学相向相遇问题时，通过Flash视频动漫，或让学生表演相遇的场景，让学生述说过程并学习"谁和谁相向而行？""什么时候相遇？""相遇时用了多长时间？"等词句，对学生理解词义、概念等都有非常大的帮助。因为聋生大多以直观思维为主，需要直观的图片、真实的生活场景演示等助力学生理解语言内涵，所以聋校信息化教学中，通过形象生动的网络资源，众多摄影素材的随意选取、真实直观的展示，使教师有选择性地展示对聋高中生语言训练提升有关联的事物、场景，以帮助聋高中生理解语言内涵。结合聋校的特点，充分利用现代信息技术的资源，在数学教学把握"适时、适度、适当"的原则，充分发挥计算机多媒体系统等现代的技术设备的长处和优势，运用特殊教育现代化手段，通过文字、图形、影像、动画、声音等形式，使教学内容变得有动、有静、有声、有色、有形，创设一种较为真实、直观，效果更佳的教学情境和氛围，激发聋生的求知欲望，提高学生的学习兴趣，充分调动聋生的眼、耳（轻度听力障碍）、手等多种感官，启发学生思维和想象，补偿聋高中生的听觉言语障碍。

三、教师的收获

1. 教师运用信息技术的能力得到质的飞跃

教师应具备的信息素养体现在教师运用信息技术的能力上。因此，教师应该具备信息处理能力、信息化教学能力、信息化学习能力以及信息技术与数学课程整合能力，从而了解信息技术知识，掌握一些基本的信息化教学设备的运用，掌握合适的教学方法，并把握在课程整合中的一些教学程序。在聋校高中数学信息化教学中，教师作为教学活动过程中的主导者，注定了其所起着主心骨的作用。通过教师个人对某一主题下的相关教学资料的收集和整理，并对这些资料进行分析、优化、整合，通过他人的评价和建议等，使教师个人对教学过程、教学目标的达成都有一个全面的梳理、反省以及对未来教学计划的预期安排，并通过数字化的形式加以分析，使结果一目了然。这样，教师可以清楚地了解自己在教学过程中的优点与缺点，将内隐性的经验外显化，成功实现个人能力的提升，促进个体专业成长。同时，教师对信息技术的掌握水平和操作水平也是影响教学活动的因素之一。因为教师如果不能够熟练地掌握信息技术的使用，就会严重制约信息化教学能力的提升，成为其信息化成长路上的绊脚石。目前在梅州市特殊教育学校聋高中部，大部分数学教师都能较好地掌握办公软件，能够熟练地使用PowerPoint软件制作PPT，使用录屏软件制作微课和希沃软件制作动画课件等，很多教师会使用计算机或者网络资源进行备课，也会经常使用信息技术进行教学，无论是备课还是教学，教师在日常使用信息技术的频率都非常高，同时，有很多教师还参加了各级各类的信息化教学能力竞赛，在竞赛中，很多教师都能得到或多或少的锻炼和成长，尽管表现得并不是很明显，但长此以往，必然会在潜移默化中提升自己的信息化教学能力。而且在竞赛开展时，很多教师会对自己的同事产生影响，发生辐射作用，带动所有教师的信息化教学能力提升。

2. 优化聋高中数学教学效能

把现代教育技术应用到聋校高中数学教学中，通过这些先进的信息技术手段的运用，对于教师来说，既活跃了课堂的气氛，又提高了课堂教学的效率和质量。可见信息技术已经成为教学活动的重要工具，推动了教学手段和方式的变革，提高课堂教学的质量和效率，达成了信息技术辅助教学的目的。从备课查找资料，到设计、制作教学课件都可以应用信息技术，这就有利于教师工作效率和质量等综合专业素质的提升。在聋校高中数学教学中广泛应用信息技术来创设教学环境、改变教学行为，使学生的学习能力得到更好的发展，实现信息技术与教学的"融合"。教师教学中运用各种现代教育技术教学，可以充分调动各种教学媒体的光、音、色等信息输出功能，立体地刺激学生多种感官参与认识活动，使抽象变得具体，使繁杂变得简单，使隐性变为显性，能极大地调动学生的求知欲，激发学生创新，从而达到教学过程的效能优化。现代教育技术的应用，对于丰富教学内容，扩宽学生视野，激发学生对学习数学、探索数学的兴趣，增进聋高中生的思考力、想象力和创造力，都有积极作用。现代教育信息技术在聋高中数学教学中的运用打破了时间和空间的限制，让其通过现代信息技术实现跨学科、跨年级、跨学校互动的活动形式，全方位、多层次、立体化地开展校际教研活动，共享优质教学资源，促使教学效能优化。

四、家长、学校、社会的认同

聋校的信息化建设逐渐完备，教学也非常有特色，如交互式电子白板和希沃软件的应用。教师在国家大力提倡加强教师信息技术运用能力的提升工程上，其信息技术运用能力得到进一步增强，并提升了教师自身的专业发展，对学生的学习和康复起到了非常重要的作用。另外，学生信息技术素养的提高也增进了学生适应社会的能力，学生通过信息技术运用降低由于听力障碍带来的困扰，从而更好、更快地掌握所学的数学知识，考上理想的大学，对于家长来说是一种安慰，更使其对教师、对学校增进了信任和认可；对于学校来说既提升教师整体的综合素养，也提升了在社会上的知名度。而学校通过教育信息化的建设，认清目前教育信息化所存在的问题，求助社会力量的介入，而社会力量能够根据学校的需求提供适合的软件、全面的培训以及优质的服务，这样既能实现社会的利益，也能满足学校的需求。

总之，现代信息技术在聋校高中数学教学中的应用成效非常大，但信息化教学也只是一种教学手段，要依据学生的特殊需要和教学内容的实际灵活运用，辅之有方，恰如其分地在数学教学实践中使用，才能提高聋校高中数学课堂教学效果，提高数学教学质量，补偿聋生的听力缺陷，让学生与教师在此过程中得到提升，让学校通过教学质量获得社会的认可。

参考文献

[1]高玉霞.论信息技术在聋校数学课中应用的有效性［J］.数理化学习，2018（3）.

[2]陈丽江.新课标下聋校数学教学中信息技术的应用原则及策略［J］.现代特殊教育，2019（21）.

[3]陈海侠.高中信息技术实效性教学研究［J］.国际公关，2019（6）.

巧抓特点，激发兴趣

梅州市特殊教育学校 白慎冰

兴趣是创造一个欢乐和光明的教学环境的主要途径之一。从我这几年的教学经验看：聋生爱上信息技术课，不喜欢其他各科老师占用信息技术课，但这种爱好往往表现在爱玩游戏，或者上网聊天，而对一些基本的知识、技能却不愿认真地学习。我今年教的是七年级（聋生初一级）学生的信息技术课程，在这个阶段的学生处于学习计算机知识的初步状态，对于趣味性的知识较为敏感，根据这一阶段的年龄心理特征，在教学过程中精心设计导入，诱发学生学习动机，激发学生学习兴趣，是十分必要的。总结过去几年的教学经验，依据现在学生的心理特点，在本学期的教学实践中我主要是采用以下几种方法进行教学的。

一、抓住学生特点，游戏引入，在玩中练

既然学生爱玩游戏，那么就让学生通过玩游戏来激发他们学习的兴趣。把计算机新课的学习寓于游戏之中，激发学生学习的兴趣，在学生浓厚的兴趣中学习新知识，掌握新技能。例如，学习"学会使用鼠标"是非常枯燥的，如果教师一开始直接讲解怎样握鼠标，怎样单击、双击、拖动、指向和单击右键这些要点的话，学生不但不愿学，而且更不愿练习了。我在教学中就采取游戏引入的方法，先让学生玩《纸牌游戏》，比赛谁的成绩好或者与老师比赛。学生在玩游戏的实践中发现，要取得好成绩就必须学会单击、双击、拖动。在这种情况下，老师再讲解单击、双击、拖动、指向和单击右键，学生学得就很认真。经过一段时间的练习后，学生们再玩这个游戏时就感到轻松自如了。在后来的练习中，我又让学生练习了《扫雷游戏》，这样，既保持了学生学习计算机的热情，还可以促使学生自觉地去学习计算机知识，又达到了练习的目的。

教师是学生学习的引路人，要想使学生真正掌握书本所要求的内容，并能灵活运用，教师就必须起到"穿针引线"的作用，必须变换教学方式。例如，低年级学生学习输入法时，有一部分聋生拼音掌握得不是很好，所以我就先选择用五笔字型输入法来教授，想让他们先掌握了五笔输入法，然后再教学其他输入法。但是学生对五笔字型输入法极不感兴趣，课堂教学难以继续下去。于是我便转换话题："现在我们用五笔字型输入法在多媒体教学网络（其中有QQ的群聊）进行对话（聊天），想说什么就说什么吧，随便聊，看看谁的速度快？"聊天开始了，我用最快的速度把要说的话发给他们，在相对平静的一段时间后，在电脑室出现了一点"热闹"，他们你一句我一句

地聊开了。这样一来问题就有了：他们打字速度很慢，有的学生急得举起手来问我这字该怎么打？有的学生互相讨论，还有的学生在盲打，等等。抓住这些问题，我便因势利导地告诉他们：为什么不能像老师这样用很快的速度打字呢？因为五笔字型输入法是目前最快、最好的方法，只有熟练了这种输入法，才能将其功能发挥到极致，达到甚至超过老师的水平。如果我们掌握了一两种输入法，以后在网络上与人交流就容易多了。他们心领神会，表示要认真地学。这种引导达到了事半功倍的效果。聋生对信息技术这门新兴起的课程永远是充满幻想和求知欲的，因此教师就要不断引导学生主动思考，勤学好问，并发掘他们内在潜力，相信学生，给学生多一点思考的空间。

二、老师精心导入，激发兴趣，在练中学

由于聋生本身生理机能的特点，聋校教学具有特殊性，在教法的选择上必须抓住聋生的生理特点和兴趣所在，这样才能保证聋生有信心完成学习任务，更把对信息技术的学习当作自己本身的一种需要，一种必须得到满足的强烈需求。

在信息技术教学中，我们以"任务驱动"为基础，进行一系列的教学活动。"任务驱动"是一种建立在建构主义教学理论基础上的教学方法，符合探究式教学模式，适用于培养聋生的自学能力和相对独立的分析问题、解决问题的能力。教师首先给聋生提出一个明确的要在电脑上完成的"任务"，使学习目标十分明确。在某个学习阶段，紧紧围绕这一既定的目标，了解相关的知识和操作方法，其他的可以一概先不涉及，这样做可以大大提高学习的效率和兴趣。使用"任务驱动"法进行教学，帮助聋生给出了一条由表及里、层层深入、精益求精的学习途径，可以最大限度地给聋生提供一种成就感、满足感，更有利于聋生对计算机的学习。

既然学生对计算机感兴趣，那么，在讲授基础知识时，教师利用多媒体教室的教学系统，既可以进行重难点的讲解又可以进行示范演示。课堂上演示我们在课前精心制作的幻灯片、动画等课件，学生的注意力被完全吸引

到教学上来。教师再也不用为维持课堂纪律而花费过多的时间，完全可以把精力放在课堂教学的现场发挥之中，让学生学到更多的知识，获得更多的技能。在"学习设置桌面"时，我开始是播放用精美的图片制作的幻灯片给学生看，学生时不时地发出惊奇的叫声，然后我问学生喜不喜欢这些图片呢？想用这些图片当作他们的电脑桌面吗？这样学生都想学习，学生的积极性就调动起来了。在练习的过程中，我又给学生大量的图片（都是学生平时喜欢的图片），让学生在这些图片中选择自己喜欢的图片作为自己的桌面背景，这样学生都想多试几个，老师要求学生练习的目的也达到了。

三、趣味教学，增强学生学习动力

信息技术课是一门操作性、实践性很强的课。在信息技术教学中，老师要立足于信息技术学科型以及聋生身心发展的特点来开展教学活动。在教学中要善于发挥其心理发展优势，克服其心理发展劣势。在他们操作过程中遇到问题，老师只是引导，启发学生。在带领学生上计算机时，我没有急于展开教学，而是首先分组，将两人分为一小组，告诉他们在学习过程中，必须互相配合，共同进步，另外组与组之间还要进行"较量"，互相促进。在学生进行指法训练时，激发学生的学习兴趣，让学生自主学，主动练。在综合训练时，我让同组的两个学生配合好，一个同学操作时，另一个同学帮助指正错误，同时，挑选打得又快又好的学生当小老师巡视检查其他同学的练习情况，对有困难的同学给予帮助。练习一阶段后，开展组与组之间的竞赛，在学生进行竞赛时，将竞争激励引入这个环节，教师注意对热情高涨的聋生积极引导，对胆小不自信的聋生加以鼓励，并给予适当的"倾斜"和"特殊照顾"，尽量捕捉其闪光点，及时表扬。学生因此会"心愤愤，口悱悱"，课堂教学收到了不错的效果。由此可见：通过指导学生自学、操作，既充分发挥聋生的主观能动性，提高学习兴趣，增强学生学习动力，还激发聋生大胆尝试的精神，培养聋生的实际操作能力。教无定法，贵在得法，教学中注重以学生为主体，以操作技能培养为主线，让聋生去尝试、去探索、去发现，充分挖掘学生的想象力和创造力，使他们在实践中体验到成功的快乐。

这样做，符合本阶段学生的认知结构，便于培养学生的思维能力，更重要的是，使学生处于一种愉悦的学习状态之中，便于接受老师教授的知识，并且易于培养学生动手操作及发展自我的能力。为此，我把教材中最容易的内容提到最前面教授，教授之余也教学生玩玩《扫雷》《纸牌》等益智教学游戏，教学生如何用金山画王画画，以激发和调动学生学习计算机的兴趣。

值得一提的是，让信息技术教学活跃起来应当是全方位的，而不仅仅局限于游戏教学等几个方面。作为教师，只有树立现代教育理念和开放意识，才能进行与时俱进的教学实践，也才能在信息技术教学实践中，做到统而不死，活而不乱，游刃有余，收放自如。

参考文献

［1］李文郁.广东省初级中学课本《信息技术》（第一册上）［M］.广州：广东高等教育出版社，2016.

［2］李文郁.广东省初级中学课本《信息技术》（第一册下）［M］.广州：广东高等教育出版社，2016.

现代信息技术在聋校数学教学中的应用研究

梅州市特殊教育学校　阙柳平

数学学科具备抽象性和逻辑性较强的特点，在聋校的数学教学中，由于听障生受听力丧失的影响，其思维能力和语言能力发展相对迟缓，所以增加了听障生的数学学习难度。而将现代信息技术应用到听障生的数学教学中能够有效改善这一现状，帮助听障生建立抽象数学知识与形象思维之间的联系，降低听障生的数学学习难度，激发听障生的数学学习兴趣。

一、创设教学情境，激发听障生学习兴趣

在聋校数学教学中，教师要善于运用现代信息技术创设教学情境，将枯燥、抽象的数学知识转变为趣味、形象的实际问题，从而吸引听障生的注意力，活跃听障生的思维，引导听障生快速进入学习状态。如，在教学"元、角、分的认识"内容时，教师可用多媒体教学设备播放一段现实超市中购物的视频片段，为听障生创建生活情境，使听障生能够从教学情境中加深对元、角、分的认识，感受到数学知识就在身边，拉近数学学科与实际生活之间的联系；又如，在教学有关"相遇问题"的应用题时，教师可利用多媒体教学设备演示Flash动画，听障生在观看到鲜艳的色彩和生动的动画之后能够激发起学习的积极性。教师在大屏幕上显示出小李的家、小张的家和学校的画面，让听障生通过观察初步认识到三者的位置关系。之后，小李和小张分别从各自的家同时出发，相向而行，行走4分钟后在学校相遇。教师将小李和小张行走的路线以时间为单位分别用蓝线、红线表示出来，让听障生思考时间与路程的关系，进而理解"速度×时间=路程"的公式含义。

二、动态演示课件，丰富听障生感性认识

听障生受听力障碍的影响，其在学习中需要过多地依赖视觉去获取表象感知，积累更多的感性材料，进而从多角度、多方位出发加深对问题或现象的认识，并在脑海中形成探究思路，完成对新知识的建构。所以，教师在数学教学中应采用现代信息技术为听障生提供丰富的表象感知机会，引导听障生根据视觉获取的信息进行深入思考。如，在教学"认识钟表"的内容时，需要帮助听障生建立起时间观念。教师可利用信息技术演示课件，展示日常生活中日出、日中、日落的照片，并在每张照片上配上钟表，使钟表显示的时间与照片内容的时间段相对应，让听障生通过观察照片和钟表初步感知时

间观念，之后教师鼓励听障生谈谈自己的起床时间、午餐时间和夜晚就寝时间。在听障生谈论后，教师利用课件展示多种形态的钟表，然后选取最为常见的小闹钟作为观察对象，让听障生观察后说出钟面上有些什么。待听障生说出钟上有时针、分针、秒针和12个数字之后，教师再动态演示钟面指针的运动过程，让听障生以小组合作的方式讨论三个指针之间的区别和联系，最后由教师做出总结，帮助听障生系统地梳理所学知识，丰富听障生对时间的感性认识。

三、化解教学难点，发展听障生思维能力

听障生的思维能力与健全学生相比发展较为缓慢，他们在学习数学知识时以形象思维为主，一旦遇到抽象性较强的数学概念、定理、公式推导等难点内容时，就会产生思维障碍，很难从抽象思维层面理解数学知识。为此，教师可运用现代信息技术化解教学难点，帮助听障生从形象认识过渡到抽象认知，进而扎实掌握数学知识。如，在教学圆的面积公式推导时，教师可利用多媒体设备演示课件，将圆一次性等分为若干份，动画演示圆等分后的拼接过程，让听障生通过观察发现拼接后的图形近似于长方形，并且越随着圆等分份数的增加，拼接后的图形越近似于长方形。在此之后，教师引导听障生思考长方形的长和宽，与圆的周长和半径的关系，让学生根据已学习的长方形面积计算公式推导出圆的面积计算公式，从而帮助听障生从对圆面积分割与拼接的形象认识，过渡到圆面积公式的抽象认知，促进听障生数学思维能力的发展。

四、现代信息技术在聋校数学教学应用中的反思

科技的飞速进步给教育事业的发展带来了蓬勃的动力，在这些进步的科学技术中，有些技术对教育事业起的是促进作用，有些技术对教育事业的发展反而不利，聋校学校的学生与普通学生不同，这部分学生更需要用特别的教育方法辅助教学，这些科学技术的应用从学生的角度进行思考，不能盲目

地将信息技术一股脑儿地用到聋校数学教学中去，不考虑后果地应用现代信息技术会给数学教学带来一些负面的影响。

1. 教学资源滥用的后果

将现代信息技术运用到聋校数学教学当中的出发点是好的，教育工作者想利用现代信息技术为学生提供更好的教学环境，这一点也无可厚非，但是在现代信息技术的实际使用当中，信息技术的使用背离了教育工作者的教学初衷，信息技术的使用不仅不能提高学生的学习效率，还使学生的专注力有所下降。归根结底造成学生专注力下降、学习效率不高的最主要原因是现代信息技术在教学当中存在过多与教学内容无关的信息，这些无关的信息扰乱了学生的心智，使学生的注意力被分散，即使后期教师想用语言弥补其中的不足，但是实际的效果却不是很理想，现代信息技术真正的使用方法应当是在条件允许且不影响教学质量和效率的状况下，提升学生的数学学习效率。

2. 打字代替文字书写的后果

在现实当中，聋校的许多学生往往依赖于现代信息技术带来的有益成果，一些学生往往喜欢用网络打字代替实际的文字书写，如果学生们长期养成这种陋习，那么长时间情况下，学生的文字书写能力将大幅度下降，聋校学生的字迹会变得越来越潦草，写字速度也会越来越慢，这些现象都会导致学生从心底放弃文字书写的欲望，在学生产生这种情况时，学生的书写能力就会弱化很多。

总而言之，现代信息技术为改善聋校数学教学效率偏低的现状提供了技术支撑。在聋校数学教学中，教师要掌握现代信息技术的应用技能，结合数学教学内容灵活运用现代信息技术创设教学情境、动态演示课件、化解教学难点，从而弥补听障生的听力缺陷，引导听障生通过观察生动形象的画面丰富感性认知，帮助听障生建立起感性认知与数学知识的联系，自主完成对数学知识的建构过程，提高听障生的数学学习效果。

参考文献

[1] 陈红. 信息化时代多媒体在聋校数学教学中的应用研究 [J]. 中国校外教育，2018（5）.

[2] 王丽媛. 信息技术与聋校数学课堂深度融合的实践与探索——以"角的初步认识"一课为例 [J]. 基础教育参考，2019（5）.

[3] 孙丽娟. 信息技术在聋校数学课程中的应用 [J]. 课程教育研究，2017（11）.

[4] 俞丽菲. 聋生数学能力现状及提高方法摭谈 [J]. 课程教材教学研究（教育研究版），2007（1）.

信息技术与学科整合在盲校教学中的应用

梅州市特殊教育学校　李振宇

现代教育理论认为：教育要实现跨越式发展必须要教育技术现代化。国务院颁布的《基础教育课程改革纲要》也明确指出："大力推进信息技术在教学过程中的普遍应用，促进信息技术与学科课程的整合，逐步实现教学内容的呈现方式、学生的学习方式、教师的教学方式和师生互动方式的变革，充分发挥信息技术的优势，为学生的学习和发展提供丰富多彩的教育环境和有力的学习工具。"在现代教育的发展过程中，随着信息技术的高速发展，普通学校的教学模式和学生认知途径、学习方式发生了质的变化：课堂教学过程优化了，学生的学习方式更改了，学生学习知识的能力提高了，素质教育全面发展。但是，由于教育对象——视力残疾儿童生理特点的特殊性和人们对盲人教育缺乏足够的认识，导致信息技术在盲校课堂教学中的应用大大受到了限制，发展缓慢。那么，在盲校的教育教学中应用信息技术具备了哪些条件，有哪些意义，要注意哪些问题呢？

一、信息技术与学科整合在盲校教学中的应用已具备以下条件

1. 从视力残疾儿童的生理特点方面看

视力残疾儿童并不是常人所谓的"完全丧失视觉功能"，按照我国制定的标准，它是分类、分级别的，具体如下表：

双眼最佳矫正视力级别

一级盲＜0.02—无光感；或视觉半径＜5°

二级盲＜0.05—0.02；或视觉半径＜10°

一级低视力＜0.1—0.05

二级低视力＜0.3—0.1

从上表中可以看出，视力残疾儿童有一部分是可以通过视觉来正常认知事物的。为此，我对梅州市特殊教育学校52名学生的视力情况做了一份调查，从统计的情况来看，全校有24人可以直接阅读和书写汉字，有10名学生能读汉字和看图片，他们可以直接通过课件、网络等信息技术方式参与学习。其他具有光感的和全盲的学生，也将随着盲用读屏软件的不断完善和广泛使用，利用自己灵活的手指和灵敏的听力，也完全可以参与到信息技术与学科整合的课堂教学之中。

2. 从硬件设施方面看

随着国家对特殊教育发展的不断重视，很多特殊教育学校都配备了级别很高的微机系统，并开通了校园网。同时，近年来，在我国很多特殊教育专家不断开发、研制和推广下，盲用电脑软件如清华双星等，正在逐渐完善，价格也趋于合理，为全面推广打下了良好的基础。

3. 从师资方面看

在现代的教育发展中，教育行政部门已经对广大教师开展了相应的计算机培训，一方面着重提倡一般化的基本技能培训，如Office基本组件中Word、

PowerPoint的培训；另一方面是科学素养、学科教学及教育技术理论（如教学设计）方面的培训。通过培训，大部分教师已经掌握了多媒体教学的能力。能熟练应用信息技术，已经成为现代教师必须掌握的一项教学能力。在我国盲教育发展较早的北京、青岛等地也开展了多次关于盲用应用软件的专业培训，大部分盲校已经储备了一定量的专业教师，并且从小学一年级至中专都开设了信息技术课。

从以上三个方面可以看出，在盲校开展信息技术与学科整合教学是完全具备条件的。视力残疾学生通过信息技术与学科整合，在学习上将得到更多的支持与帮助，使他们符合当前素质教育所提出的面向全体、共同参与、共同进步的教育目标。

二、信息技术与学科整合在盲校教学中应用的重要意义

经研究发现，视力残疾儿童由于视觉缺陷，使他们在认知外界事物时比普通儿童慢，但通过一定的学习和训练最终还是可以达到普通儿童的基本水平，因此信息技术与学科整合在盲校教学中的应用不仅对盲生的全面发展具有十分重要的意义，而且对盲教育的发展具有更深远的影响。

1. 改变盲生对现代社会发展的认识误区

过去，盲生对信息时代的发展充满了好奇和渴望，但他们普遍认为计算机、网络、多媒体等是"明眼人"认知世界的专利，与他们无关，并且这个事实永远无法改变。随着计算机的普及，有一些低视力学生逐渐开始接触计算机，接触网络，但还不能真正应用，方便自己了解世界。后来，随着盲人专用读屏软件的开发、完善和广泛应用，计算机和网络对于盲人来说不再是神秘的领域，他们已经实现了利用计算机在网络世界畅游。在学校，通过信息技术与学科整合在课堂教学中的应用，盲生应用计算机的能力得到了加强，通过网络平台认知世界，学习新知，他们认识到社会的发展和变化离他们并不遥远，他们能和健全人一样进入社会的主流生活。这些认识上的改变不仅帮助了视障学生树立了对未来美好生活的信心，而且更进一步推动了素

质教育的全面发展。

2. 帮助学生缓解思乡情结，安心读书

由于我国盲校分布不均匀，大部分盲生从七八岁上小学开始就要离开父母外出求学，生活自理能力都非常差。强烈的孤独感和浓厚的想家情结，使得盲生很难短时间内适应学校的学习生活，积极主动进入小学生的角色。这时，通过信息技术与学科整合，教师可以借助多媒体，播放他们喜欢的动画片或歌曲，转移他们的注意力，适应学校的学习生活；可以借助QQ、微信让学生与家长视频对话，缩短了他们与家的距离，缓解了他们的想家情结，安心在学校上课，乐意听老师的话。同时，教师借助现代信息技术，拓宽孩子们的眼界，让他们对世界产生好奇与兴趣，从内心充满对读书的向往和追求，埋下求知的种子。

3. 改变了盲校传统的教学模式和盲生的学习方式

人的信息来源80%以上靠视觉，盲生失去了"看"这条重要信息来源的渠道，很多事情受到了限制，只能依赖听觉、触觉、嗅觉等来认知事物，因此学习上依赖性较强、缺乏主动性，形成了"教师一张嘴，学生两只耳"的枯燥、乏味的传统课堂教学模式。信息技术与学科整合是"以计算机技术为核心的信息技术作为促进学生自主学习的认知工具，根据学科教学规律，通过信息技术与各学科课堂教学有机的结合，促进教学内容及教学内容呈现方式、学生学习方式、教师教学方式和师生互动方式的变革，为学生的多样化学习创造环境，培养学生的信息素养及自主探究、解决问题的能力，提高学生学习的层次和效率，进而提高学校办学水平与办学效益"。这意味着信息技术不仅是一种教学手段，而且成为盲校课堂教学模式的变革，盲生学习方式的变革，它改变了传统的教师一张嘴，盲生一本盲文书的被动学习状况，为盲生自主学习提供了重要途径。盲生对学习产生强烈的兴趣和探究热情，从而使课堂成为了盲生在教师引导和启发下的自我主动学习和探究的天地，构建了"教师为主导，学生为主体"的交互式教学模式，实现了师生互动、生生互动、生机互动的学习形态，发挥了学生的学习主动性、积极性和创造性。

4. 实现对教学信息最有效的组织和管理，利于盲生开阔视野

盲文书数量少、种类缺、版本旧，因此盲生获取知识的来源很少，大大限制盲生对先进知识的学习和认识。信息技术与学科整合是一个开放式的学习平台，它可以将计算机、网络博大的容量，快捷的信息组成一个整体，按照学生的知识基础与水平的差异，将相关学科的基础知识重新整理和扩展，满足不同层次、不同学习能力的学生的需求。这种方式使盲生的认知途径大大拓宽了，开拓了盲生的视野，使盲生在有限的时间内获得了更多的知识内容，每个人的"最近发展区"也得到充分发展。同时，通过学生的自主发现和自主探索，学生的创造性思维和创新能力得到了提高，教学质量和学习效率达到了前所未有的效果。

5. 激发学生的学习兴趣，使学生积极主动地参与到课堂学习中

现代信息技术在课堂上向学生展示的不仅仅是多彩的图片和生动的动画，还有对视障学生更为重要的声音。一篇课文的音频或视频就可以很好地调动学生听的兴趣、学的乐趣。我国第一个盲人体育播音员古灏的成功就证明了这一点："有一天，妈妈又带我去散步，当我们走过一个开阔地时，我突然听到'嘭嘭'的响声，使我感到很惊奇，因为过去从来没有听到过这种声音。我便急忙问妈妈：'这么多人，怎么老发出'嘭嘭'的响声？！'妈妈告诉我：'这是一个足球场，许多学生正在踢足球，那响声就是脚踢球的声音。'"……因为这件小小的事情，古灏被吸引进了神奇的体育世界，并因此成为我国第一个盲人体育播音员。通过信息技术与学科整合，我们再也不用费心费力地制造各种声音给学生听，神奇的网络可以让学生随时随地欣赏到丰富的音频和视频，这些丰富的资源为学生的学习带来了极大的方便。比如，在教学《草船借箭》这篇课文时，我先让盲生"看"《三国演义》的电视连续剧有关课文的剧集。学生通过演员精彩的表演、声情并茂的声音、壮观的场景，宛如身临其境，很快就了解了课文人物的性格，事件的起因、经过和结果，教学重点难点和目标迎刃而解。

三、在盲校应用信息技术与学科整合要注意的问题

1. 教师应具有熟练操作计算机和盲人读屏软件的能力

没有金刚钻，揽不来瓷器活儿。没有过硬的技术，仅有良好的心愿是不行的。为了实现信息技术与学科整合，教师要积极参加教育技术和信息化教学设计的培训，掌握信息化教学设计的方法，努力在工作中应用信息化教学设计来改革教学。特别是现阶段，盲人的计算机读屏软件还有所欠缺，比如对多音字的选择、词组的划分、词义的解释等较慢并容易出错，如果教师的水平有限，不能在课堂中及时指导学生学习，那么信息技术与学科整合这种教学模式就难以实现。

2. 教师应具备针对学生、学科特点设计具有探究性的主题方案的能力

在这种教学模式中，教师要研究自己所教学科的特点和教材内容的整体性，熟悉所教学科内容在网络上的资源分布情况。这样，教师就可以在了解每个学生的视力、智力和认知能力的情况下，结合教学目标、单元特点，设计出适合盲生自主探究、合作学习的主题性设计方案，有效地帮助学生进行研究型、资源型的学习，从而改进了自己的教学方式和学生的学习方式，使教学收到更好的学习效果。

3. 对内容中出现的图片、影像资料等必须有清晰的语言、文字解说

全盲学生甚至是低视力学生无法通过视觉完全了解图片、影像资料等的内容，因此，充满感情的语言、文字解说可以节省下很多学习时间，使教学环节更加流畅，使盲生更容易理解教学的重点、难点。

4. 在教学中要体现教师的主导作用，不能以机器代替教师

教师是教学过程的组织者、指导者、促进者和咨询者，教师的教学必须从传统的以教为中心转变到以学生为中心的信息化教学。教师主要对学生的学习进行导趣、激疑、导学，真正在学科教学中发挥信息技术对学习的变革性的推动，进一步提高学生的学习效率。

5. 不能过分地强调现代信息技术的功能

现代教育技术与学科课程整合的过程，是充分利用现代信息技术和信息资源，以学生的自主探究学习为中心，积极开动脑筋、大胆想象，实现学生动手实践和创造的过程，而不是教师利用现代信息技术对学生进行知识灌输的过程。如果在教学中过分片面地突出"学生乐学"这一中心，而忽视了教师在课堂教学中所起的作用，那么教学模式可能会陷入另外一个误区，即由原来的教师灌输式变成了机器灌输式，信息技术成为"电灌"的手段，学生又成为学习的被动者，失去了主动性。

总之，信息技术与学科整合作为推进素质教育的一个有效途径，对提高教学水平，促进学生的智力因素与非智力因素的同步发展，开发学生的智力、培养跨世纪的人才具有极其深远的战略意义和现实意义。尽管盲校在发展信息技术与学科整合方面才刚刚起步，我们在从事这项工作的实践中还存在着很多有待解决的问题，但是我们坚信随着教育改革的深入，通过特殊教育教师不断的探究、开发和实践，这项具有开创性的事业一定会给盲校的教学改革带来无限生机和活力。

参考文献

［1］陈旭远.新课程推进中的问题与反思［M］.北京：首都师范大学出版社，2004.

［2］朴永馨.特殊教育学［M］.福州：福建教育出版社，2019.

［3］孙杰远.信息技术与课程整合［M］.北京：北京大学出版社，2002.

［4］周德苗.视障儿童心理学［M］.北京：人民教育出版社，2013.

（此文获第六届"中国移动'和教育'杯"全国教育技术论文活动广东省三等奖）

利用信息技术提高听障学生写作能力

梅州市特殊教育学校　巫民强

在语文教学实践中，教师常常会遇到听障学生对写作课恐惧或不喜欢，对作文如临大敌，谈作文色变。我认为造成这种状况的原因是多方面的，或因为听障学生生活范围狭窄，接触社会机会少；或因为平时对事物疏于细致的观察和体验；或因为对语言运用能力薄弱；或因为对作文基本知识缺乏；或因为平时疏于动笔；等等。我认为利用信息技术资源丰富、表现形式形象生动、突破时空界限、搜索便捷等特点，依据写作的一般规律，以心中有感、腹中有墨、脑中有路、手勤练笔作为抓手，有效提高听障学生的写作能力。

一、信息技术丰富学生知识贮备，让学生作文厚积薄发

1. 信息技术帮助学生积淀人文素养

写作需要我对社会的主观反应，听障学生对社会感知往往慢半拍或少半拍，对社会认知比较缺乏，导致听障学生写作时无话可说，思想中没有东西可以表达，因此加强听障学生社会实践，加深对社会的认知至关重要。由于受条件限制，很多经验不能通过亲身实践来获得，要通过间接获得。现代信息技术让信息流通一秒千里，为了能让听障学生获知家事国事天下事，了解时代飞速进步，世事沧桑巨变，风云人物不朽传奇，感知社会冷暖，等等，教师指导学生每天通过新闻网站，搜索并阅读一则国内外新闻消息，或者老师向学生推荐一篇有价值的新闻，学生把消息的大概内容用自己的话描述出

来，再写出自己的感受。比如2020年世界人民抗击新冠肺炎的典型事件，特别是我国人民在党和国家的坚强领导下抗击新冠肺炎的众多可歌可泣的感人事迹，有84岁的钟南山院士冲锋在抗疫最前线的报道，有在全国人力支持下神速建成雷神山、火神山医院的报道，有医护工作者、警察、志愿者前赴后继、逆向而行的报道，有国外因防控不力造成疫情肆虐的报道……在网络上这些消息每天都刷新。学生从网络上阅读这些消息，从而体会到中国共产党是保障人民生命安全，谋求人民幸福的党，是带领人民克服困难走向胜利的党；体会到科学技术是战胜疫魔的法宝；体会到只有学好科学文化知识，掌握先进的科学技术，才能建设好祖国，建设好家园；体会到身体是革命的本钱；体会到生命的脆弱和亲情的可贵……以此培养学生关心国内外时事、了解社会现实、有感而发的良好习惯，塑造学生细腻感知和深入洞察的能力，为学生作文奠定丰厚的人文知识和高尚情怀。

2. 信息技术帮助学生丰富语言资源

学生进行写作要心中有素材，胸中有章法，脑中有词句，考验学生平时语言和词汇的积累。

（1）通过浏览网络文章积累写作素材，互联网是个信息丰富的宝库，学生在互联网上浏览文章时把优美词句、典型素材、好的写作方法等记录下来，增长学生知识面。

（2）借助搜索工具积累写作素材。当学生阅读时遇到不懂的词语时，可以通过搜索工具，获得词语的解释、出处、近义词、反义词、运用等，学生举一反三，认识到更多的词语，获得更多知识。当学生需要用名言名句、古典诗词表达意境，提升文章的表现力时，通过网络搜索工具去寻找；当学生不明白创作方法时，通过网络搜索找到相关范文和创作方法。

（3）条理化处理网络资源。学生在网络上获取的大量资源是杂乱的，没有条理的，不方便学生对信息提取。学生每隔一段时间就要对所获取的资源进行分类整理，形成词语库、好句库、素材库、写作方法库等，再把每个库进行细化分类，只有学生的资源库充实得丰满，学生写起作文来才能得心应手，水到渠成。

二、信息技术畅通学生视觉思维，让学生作文有物可依

1. 信息技术为作文创设生动情境，为细化描写创造条件

学生的作文往往是写过去的人或事，由于时间久远在学生的头脑中印象比较模糊，或在叙写参观活动时，走马观花，观察不够细致，以致学生不能抓住事物的特征展开细致描写，写起来很空洞。信息技术能突破时空限制，直观形象地把人、景、事、物细致固化地展现在学生面前。比如，写一处景物的文章，教师出示公园场景的图片，让学生放慢观察，观察公园里的树木、花草、亭台、水池、人群等有哪些特点，围绕这些特点逐个有顺序地展开描写。教师出示公园季节性的图片："夏季，湖里开满娇艳的荷花图片""秋季，铺满落叶的黄金道路图片"，让学生抓住景物的季节变化特征展开描写，把文章描写得更加鲜活丰满，使学生写好作文，还明白写景作文的写作方法。在开展游览、比赛活动、记录事物变化等社会实践活动时，指导学生利用智能手机，把事情的过程，抓住重要节点和有代表性的重要场景，有顺序地拍照记录下来。活动结束后进行仔细观察、梳理，形成文字，培养学生做生活的有心人，做细节的记录人，做活动的报道人。

2. 信息技术帮助展示作文的思维逻辑

文章的逻辑结构关系是文章的骨架，对写好一篇文章起着至关重要的作用。在学习范文、构思文章的过程中，都要进行逻辑结构关系分析，如果只通过口语、手语、加上黑板进行描述分析，学生往往会不知所云，难以理解。但教师制作出课件进行展示，把原文各部分的内容和概括主要意思标注出来，一一对应，生成文章逻辑架构，使学生明白文章的逻辑架构和归纳过程。构思文章时，通过课件展示出不完整的思维导图，让学生把思维导图完善起来。原文标注、思维导图课件展示训练了学生的逻辑能力、构思能力和想象能力。

3. 信息技术为作文评讲开辟新天地

作文批改是老师们吃苦不讨好的环节。老师们辛辛苦苦地批改学生作文，但发下来后学生们只是轻轻一瞥，便成了过眼云烟，作文批改成效低。但如果把学生作文利用投影展示出来，学生和老师进行分析评价，学生们主动参与，展开头脑风暴，进行批判思维，分析利弊，说明其中的优缺点，教师加以引导，学生取长补短。学生们积极参与到了作文评价过程中，开阔视野，积累经验，促进了作文能力提高。

三、信息技术提供高效探索工具，让学生作文摸索创新

信息技术帮助学生进行自主合作探究写作。如果把作文的过程看成是模仿式学习、模块化生成的过程，文章好比是模型作品，首先把它拆下来，了解其各部分组件的结构功能，再模仿相同的原理组装出原来的样式，甚至研究出新的模型。自主合作探究式学习写作是提高学生写作能力的新尝试。信息技术以其资源的丰富性和搜索的便捷性，为学生进行自主合作探究写作开辟了广阔空间和提供了实现条件，通过自主合作探究写作培养学生良好的学习能力、分析问题能力、解决问题能力和合作能力。步骤如下：

（1）学生分成若干小组，根据作文题目要求，在网上搜索该类文章的写作方法进行学习，梳理学习写作理论。

（2）小组成员搜索收集相关范文，结合写作方法对范文进行深入剖析，讨论分析文章各个部分描述的内容和描述方法，归纳出文章的脉络、选材方法、语句组织等要点，加强小组成员对写作方法理论和写作实践的理解。

（3）根据题目要求，小组成员结合自己的生活实际，各抒己见，讨论确立题目、描述对象，确定文章的主旨。

（4）讨论安排文章结构，布局文章主干以及分枝，通过思维导图方式加以呈现。

（5）每个学生根据思维导图，生成语句模块，再将语句模块组装成文段，组装成文章。

（6）打磨语句，调整文段模块，优化组合，使文章趋于完善。在整个过程中，教师要对学生自主合作探究写作进行一些必要提示，对学生自主探究写作过程和结果进行评价，提出改进意见和建议。

总之，把信息技术资源丰富、表现形式形象生动、突破时空界限、搜索便捷等特点融合到听障学生作文教学中，发挥出信息技术强大而独特的魅力，将有效地提高听障学生的写作能力。

参考文献

[1] 臧雪年.浅谈作文教学中创设生活情境策略 [J].新课程研究（下旬刊），2012（2）.

[2] 李志蕊.信息技术与作文评改整合 [J].试题与研究：教学论坛，2012（15）.

[3] 黄丽炎.写作教育与自主合作探究式学习 [J].综合天地，2012（1）.

第五节　培养良好行为习惯研究

梅州市梅江区初中一年级体育锻炼对学生良好行为习惯的养成分析

梅州市特殊教育学校　黄华

一、研究目的

本文对梅州市梅江区嘉应中学、联合中学、梅州中学、学艺中学这几所中学初一学生进行调查分析，在充分考虑青少年特性的基础上，结合以往体育教学经验，从个人、学校以及家庭方面对学生体育锻炼参与意识和良好行为习惯养成情况进行研究，针对实际问题提出一些相对合理的建议，以实现学生良好行为习惯的养成，促进青少年的全面健康发展。

二、研究方法

（一）文献资料法

在实际调查研究中，在充分考虑研究目的和需求的基础上，我在中国知网、各大期刊网站以及图书馆查阅了大量关于青少年体育锻炼和行为习惯养成的资料，并对所获得的资料进行归纳整理，以为后续研究提供理论支撑。

（二）问卷调查法

根据本论文调查研究的需要，在实际调查中设计了一个关于"梅江区初一年级学生体育锻炼对行为习惯养成调查"的问卷，此问卷涉及学生个体、学校以及家庭三个方面的因素，比较全面地将初一学生体育锻炼对良好行为习惯的影响因素情况进行了分析。此次调查主要从梅州市梅江区嘉应中学、联合中学、梅州中学、学艺中学这几所中学选择了部分初一学生为调查对象，每个中学发放问卷110份，共发放440份，有效回收400份，有效回收率90.91%。

三、结果与分析

（一）个体影响因素

1. 对体育锻炼的兴趣

体育锻炼兴趣和体育锻炼行为习惯养成调查分析如表3-5-1所示：

表3-5-1

	有体育锻炼兴趣的人数（人）	有体育锻炼行为习惯的人数（人）	比例（%）
总计	400	97	24.25
非常喜欢	82	74	90.24
很喜欢	36	20	55.56
兴趣一般	213	3	1.41
没有兴趣	69	0	0

通过表3-5-1数据可以得知，在体育锻炼人数中，选择"非常喜欢"的有体育锻炼行为习惯的人数有74人，占比90.24%；选择"很喜欢"的人数有20人，占比55.56%；选择"兴趣一般"的只有3人，占比1.41%，而选择"没有兴趣"的为0。从以上结果其实就可以推断出，体育锻炼的兴趣越高，也就更容易形成良好的体育行为习惯。

2. 对体育锻炼意义的认知

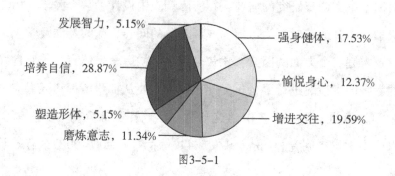

图3-5-1

对体育锻炼意义的认知就是对参与体育活动所带来的有益影响的了解，正确的认知可促使学生积极参与到体育锻炼中来。如图3-5-1所示，在有体育锻炼行为习惯的97人中，17.53%的学生认为体育锻炼是可以强身健体的，12.37%的学生认为可以愉悦身心，19.59%的学生认为可以增进交往，11.34%的学生认为可以磨炼意志，5.15%的学生认为可以塑造形体，28.87%的学生认为可以培养自信，5.15%的学生认为可以发展智力。而在上述表3-5-1中表示对体育锻炼"兴趣一般"的学生中，只有3个人表示有体育锻炼良好行为习惯，210名学生间接都表示体育锻炼没有作用，从这一结果其实就可以看出，学生对体育锻炼意义的认知对其参与体育活动的积极性有很大的影响。

（二）学校影响因素

1. 教学方法

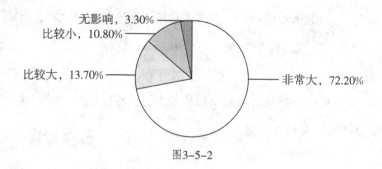

图3-5-2

科学的体育教学方法对于提升学生的体育锻炼兴趣具有重要意义，如图

3-5-2所示，在本次所调查的97位有体育锻炼行为习惯的学生中，对于所实施的教学方法对体育锻炼兴趣影响的问题，72.20%的学生认为教学方法对学生良好行为习惯的影响是非常大的，13.70%的学生认为教学方法对学生良好行为习惯的影响比较大，10.80%的学生认为影响比较小，只有3.30%的学生认为现行的教学方法没有太大影响。可见，合理的教学方法对于提升学生体育锻炼兴趣，从而实现良好行为习惯的养成具有重要意义。

2. 教师教学能力

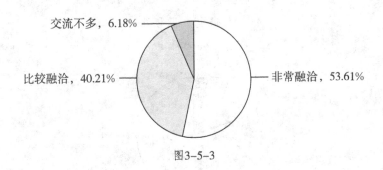

图3-5-3

体育老师的教学对学生体育锻炼以及良好行为习惯的养成具有直接的影响，也可以说，体育教师内在和外在的各种素质可以直接体现在学生面前，其魅力在很大程度上影响着学生的体育学习注意力，可见，体育教师的教学能力是非常重要的，采用多种教学方法传授体育知识和技术，从而让学生理解和掌握体育技术的能力，而其中的关键就是师生关系和体育氛围。如图3-5-3所示，本次所调查的有体育锻炼行为习惯的97人中，52人（53.61%）认为体育课堂上的师生关系是非常融洽的，39名（40.21%）学生认为师生关系比较融洽，只有6人（6.18%）很少和老师进行交流。这一结果就可以表明，体育教师和学生的关系越融洽，体育课堂越能更好推进，从而才能为学生良好行为习惯的养成提供支撑。

3. 场地器材和课外体育锻炼

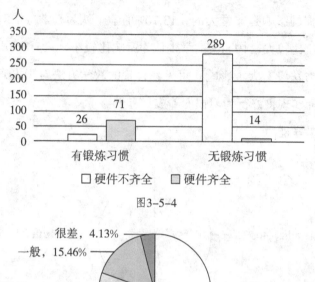

图3-5-4

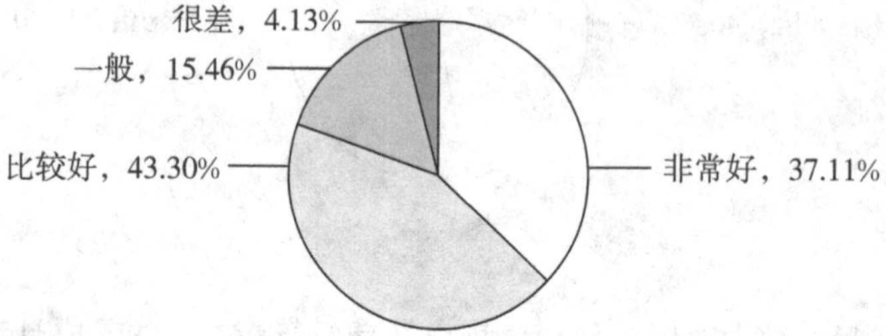

图3-5-5

通过上述图3-5-4和图3-5-5数据可以得知，体育锻炼有良好行为习惯的学生中有71人认为当前体育硬件设施还是比较齐全的，而没有体育锻炼良好行为习惯的学生中，289名学生却提到当前的体育硬件设施不齐全，且在对课外体育锻炼看法的问题上，有体育锻炼良好行为习惯的学生中有37.11%的人认为课外体育锻炼的开展情况非常好，43.30%的学生认为开展情况比较好。从以上结果就可以看出，学校体育场地器材设施以及课外体育锻炼的开展情况都在一定程度上影响着学生体育锻炼中良好行为习惯的养成，可能是在课外环境比较好的情况下学生会不由自主地喜欢上某一项目，更能投入其中，在积极心态的驱使下，也有利于良好行为习惯的养成。

（三）家庭影响因素

1. 家庭经济和文化水平

被调查学生家庭高收入和体育锻炼行为习惯情况如表3-5-2所示：

表3-5-2

	有体育锻炼行为习惯		无体育锻炼行为习惯	
	人数	占比（%）	人数	占比（%）
7000元以上	17	17.53	6	1.98
4000—6000元	62	63.92	51	16.83
3000—4000元	13	13.40	213	70.30
3000元以下	5	5.15	33	10.89
总计	97	100	303	100

父母文化水平对学生体育锻炼行为习惯养成的影响如图3-5-6所示：

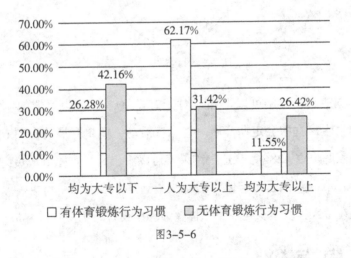

图3-5-6

可以说，家庭的经济和文化水平是家庭所有社会活动开展的基础，尤其是在体育锻炼中，往往较高的家庭经济和文化水平可以为学生体育锻炼的更好开展提供有力支撑，体育意识增强了，相应的行为习惯自然也能得到较好的发展，如表3-5-2和图3-5-6所示。首先，从家庭经济情况来看，有体育锻炼良好行为习惯的家庭，大多数都在4000—6000元以及7000元以上这两个范畴，分别占比63.92%和17.53%，相对而言，无体育锻炼良好行为习惯的家庭收入普遍在3000—4000元，占比70.30%；其次，从家庭文化水平上来看，有体育锻炼良好行为习惯的家庭，父母其中一人为大专以上学历的占比达到62.17%，而无体育锻炼良好行为习惯的家庭占比最多的就是父母均为大专以下学历，所占比例为42.16%。从以上结果就可以看出，家庭经济和文化水平对学生的体育锻炼有着很大的影响，收入和文化程度越高的家庭，其对孩子的体育发展就越重视，自然，此时良好的体育锻炼也就有利于帮助学生形成良好的行为习惯。

2. 家庭体育开展情况

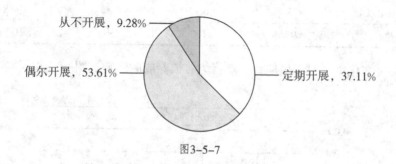

图3-5-7

通过图3-5-7数据可以得知，对于有良好体育行为习惯的学生而言，37.11%的学生家庭中会定期开展一些体育活动，偶尔开展的占53.61%，而从不开展的家庭也占9.28%。从这一结果就可以看出，平常家庭成员组织的各种形式的体育活动对孩子参与体育活动的影响是非常大的。可见，家庭体育开展情况也在很大程度上决定着学生体育锻炼中良好行为习惯的养成。

四、结论与建议

（一）结论

1. 个体因素

学生对体育的兴趣以及对体育意义的认知等都对学生体育锻炼中良好行为习惯的养成有着一定的影响，但就实际情况来看，学生的个体因素经常会被忽视，根本无法看出其在体育锻炼中所发挥的重要作用，课堂上经常处于被动的地位，在这种情况下，学生良好行为习惯的培养是很难实现的。

2. 学校因素

体育教师的教学方法、教学能力，学校场地器材设施建设以及课外体育锻炼的开展情况等也都会对学生体育锻炼过程中良好行为习惯的养成有着很大的影响。在体育锻炼学生行为习惯养成过程中，虽然学校的做法已经得到了关注，但实际教学时的关注度还是远远不够的，尚未形成一个联系紧密的教育教学机制。

3. 家庭教育因素

家庭的经济收入、文化水平以及家庭教育的开展情况对于学生体育锻炼过程中良好行为习惯的养成有着重要的作用。但是，在调查中仍然可以看出，当前仍然有很多家长对于体育锻炼的认知还存在着很大的问题，并没有意识到家庭教育在学生体育锻炼良好行为习惯养成中所发挥的重要作用，从而也就导致学生良好行为习惯的养成受到了很大的阻碍。

（二）建议

1. 构建集家庭、学校于一体的联动机制

在家庭和学校联动推进学生体育锻炼的过程中，必须要始终坚持以人为本的理念，在学生的体育发展上，学校和家庭要形成合力，构建有效的组织机构，制订合理的协调计划，以必要的保障确保家庭、学校各系统工作的有序开展，多方面共同推进学生身心的全方面发展，激发体育意识，提升体育能力，从而为其良好行为习惯的养成提供支撑。从根本上来看，家庭和学校的合力是要以促进学生参与体育锻炼为基础，在共同推动下，不仅要让学生自己参与到学校和家庭的体育活动中，也能让学生家庭对体育的价值有一个重新的认识，让体育文化真正融入人们的日常生活中，为良好行为习惯的养成提供有力支撑。

2. 形成正确的体育认知

家庭作为一个人出生后第一个所处的群体，其对孩子的影响是非常关键的，所以，在体育锻炼培养学生良好行为习惯的过程中，除了学校，家庭的体育认知观念对学生良好行为习惯的养成非常重要。在日常教学中，学校有必要将家长体育观念的转变重视起来，与孩子的家长形成合力，利用平常的家长会，向学生家长讲解体育益处，让其走出"体育无用"的误区，真正意识到体育锻炼对学生身心健康发展的重要意义，形成正确的体育观念，不仅要在日常生活中耐心地向孩子讲解体育锻炼的知识，还要身体力行，让孩子真正感受到体育是不可或缺的。只有这样，才有利于学生良好行为习惯的养成。

3. 注重体育锻炼的常态化

虽然中学阶段的学生已经具备了一定的体育兴趣和爱好，掌握基础的体育技能，但其兴趣发展还存在着非常不稳定的情况，在这种情况下，学生在体育锻炼中就经常会出现"三天打鱼，两天晒网"的现象，这对学生的体育锻炼乃至良好行为习惯的养成都是非常不利的。针对这一问题，学校和家庭都需要重视起来，结合学生体育锻炼的实际情况，制订合理、有效的体育计划，以实现体育锻炼的常态化发展。在此过程中，家长一定要注重孩子意志品质的培养，鼓励孩子积极参与体育锻炼活动；学校要对学生的体育锻炼活动进行常态化的管理，以有效的约束确保学生体育锻炼的有序进行；体育教师还要将体育课堂的时间充分利用起来，注重学生对某个体育运动的兴趣和动机，引导学生的体育兴趣，只有激发出了学生的内在动力，才能真正实现通过体育锻炼培养学生良好行为习惯的目标。

参考文献

[1] 张哲铭. 高职学生体育意识与行为习惯培养方式分析 [J]. 体育风尚，2021（3）.

[2] 毕永兴. 体育锻炼对学生良好行为习惯的培养 [J]. 当代体育科技，2021，11（2）.

[3] 匡翠爱. 体育锻炼对学生养成良好习惯的影响 [J]. 江西教育，2020（36）.

［4］李英.体育锻炼对学生良好行为习惯的培养［J］.体育风尚，2020（11）.

［5］钟汉春.初中体育锻炼促进学生良好行为习惯的养成分析［J］.试题与研究，2020（21）.

［6］刘新伟.浅析初中体育锻炼对学生良好行为习惯的养成［J］.读写算，2019（30）.

（此论文在2021年8月梅州市中小学体育教育论文征文活动中获一等奖；2022年7月广东省第十三届中学生运动会科学论文报告会获三等奖）

说好普通话　书写规范字

梅州市特殊教育学校　刘远新

时代的巨轮带来了岁月的变迁与观念的变迁，新视野、新思想、新观念不断地涌入教育教学领域。学生正处于身心快速发展、意识逐渐形成的关键期，展现出思维多元、追求新鲜事物与个性化等特点。如何在日常教育教学中培育学生的民族文化认同感，增强学生传承与弘扬民族文化的自觉与自信，已成为各学科教师的重要课题。

体育是素质教育的组成部分，课堂中的师生互动与生生交流都离不开语言与文字。学生正处于学习语言运用与文字书写的最佳阶段，"讲普通话，写规范字"对学生的学习与未来发展来说意义重大。作为一名一线体育教师，我深知自己必须有意识地关注在日常教学的各个环节，身体力行地打造良好的语言环境，"随风潜入夜，润物细无声"地提升学生对普通话与规范字的认识。

"丰而不余一言，约而不失一辞。"语言是重要的教育工具和信息载体。语言教学是体育教师教态和教学艺术的体现，是沟通师生心灵、情感的手段。在体育的教学过程中，教师使用普通话能够更加精准、简约地向学生传达鼓动、指示、口令、调节等，消解师生交流中的障碍，使学生敏感地接收自己的信任、教诲与鞭策，在心意相通中点染课堂，提升学生的体育学习效率。比如，在热身、讲解、示范、练习、纠错等环节，我基于语言的纯度，运用普通话进行了教学语言的优化，确保有声语言谦逊文雅、详略得当、简洁精练，使学生能够清晰地接收教师归纳的要领，在术语和口诀的指示下有序地进行课堂练习。例如，在"手倒立"的教学中，我运用"体直""肩顶""腰紧"六个字归纳了其主要技术，准确扼要地向学生反映了其动作规格，引导学生建立正确的动作表象，化解本节课的教学难点，消解学生的紧张心理。

语言即文化，文化需传承。汉语经过历史的沉淀与淬炼，凝聚成了绝妙的语言艺术，与文学、节日、风俗等共同构成了中华民族的精神文化。普通话是我国通用的现代标准汉语，体育教师发挥主导作用，在教学中普及普通话，有助于将体育学习与民族文化自信培养巧妙地结合在一起，涵养学生的民族精神和民族自尊心。因此，针对体育的各个环节，教师可以采用普通话渗透一些如成语、歇后语等教育元素，在确保课堂教学规范、严谨的基础上，风趣、诙谐地实现对课堂的调节，使学生在教育性与幽默性相统一的课堂中兴味盎然。我在教育中偏爱运用成语，字正腔圆地将民族智慧的结晶传给学生，让学生在轻松愉悦的氛围中进入更主动、更自然的体育情境。例如，在"长跑"的教学中，我一般采用"你追我赶""健步如飞""遥遥领先"等成语活跃氛围，鼓励学生积极地投入理性的理解中去。又如，针对羽毛球和乒乓球比赛等，经常借助"以攻为守""眼疾手快"等成语，让学生在精简的教学语言中领会动作要点和制胜秘籍，激发昂扬的运动斗志。我发现，以成语为载体，以普通话为基本用语，能够将原本枯燥的体育理论知识变得生动、形象，远胜于空洞的说教和简单的要求，在丰富知识、启迪智能、提升素养方面具有积极的作用。

汉字之美，美在精髓与风骨。作为中国文化之根，汉字点横竖撇捺钩长短不一、上下不同、左右区分，具有独特的字音、字形、字义特点，蕴含着中华民族的人文思想、地域差异以及理想情感等，是透视民族文化的窗口。规范的汉字组成的文字朴素雅致、清秀美丽，能够创造出赏心悦目的视觉享受和行云流水的阅读体验。新课改要求教师改变传统"集合—讲解—示范—练习—纠正—再练习"的模式，提倡转变学生的学习方式，引导学生进行合作式、探究式、自主式学习。体育教学也从纯体力教育活动，融入了多元化的教育元素和审美概念，比如让学生经历课前自主搜集和整理资料、课后绘制和分享体育手抄报等活动，需要学生使用文字表达自己的体育学习所获、所得。在此背景下，体育教师可以指导学生使用规范的汉字，准确、创意地表达自己的话语。以篮球的教学为例，我以篮球探究实践为主线，创设了"篮球与身体健康关系""篮球发展史""篮球中的智谋"等自主探究主题，引导学生借助网络查阅、图书阅读等形式，自主学习和拓展与"篮球"有关的知识，并结合课堂学习体会，运用规范字绘制精美的、可读性强的手抄报，呈现自己对篮球运动的认知与理解。这样就可以让学生经过誊写与勾勒，展示体育学习的过程之美，在注重仪式感的书写中体悟体育文化，获取成长和向上的力量，促进对祖国文字认同感的形成。

总之，普及普通话、推行规范字是素质教育的重要内容。普通话和规范字中蕴含着中华民族同根同族、同心同音的情感，能够在婉转绵长、抑扬顿挫、慷慨激昂中传递智慧、鉴赏文化、沟通未来。在喜迎二十大之际，新时代的体育教师要音调圆润、语调动听地使用普通话，营造清新雅致、妙趣横生、精彩纷呈的体育课堂，增强学生说普通话、写规范字的意识，促进学生文明良好语言习惯的养成，为学生的全面发展注入体育之美、之神、之韵。

践行普特融合之路　促随班就读成效

梅州市特殊教育学校　李娟

每个孩子生下来都拥有享受教育的权利，融合教育是现代社会发展起来的让每个孩子享受的"平等""多元"等形成的"人皆有权平等接受高质量教育"等信念的体现。融合教育要做到真正的普特融合将会面临很多问题需要解决。

一、当前普特融合教育师资建设的问题

（一）普特师资不相融

教师是普特融合教育实施的引路人，教师的态度在整个教学中起到很重要的作用。如果我们普特老师们不融合，请问普特学生能融合吗？随遇而安地静等任务顽固不化，还是主动寻求突破将特教工作推向更高更深的发展？一切以尊重生命为出发点，以关爱教育人为目的，不是自我边缘化。学校虽然把有特殊问题的孩子和普通健全的孩子放在了一个学校里，但他们彼此并不了解，对彼此的领域是陌生的，甚至普教老师对在同一学校挤在一个走廊上的有特殊需要的孩子感到不了解，不了解他们的需求，不知道如何对他们实施教育，甚至用异样的眼光看待他们，以为他们在普通学校就是摆设，是无法接受教育的。因此，这样的融合并不是真正的融合。

（二）普特系统的管理规划不合理

当前融合教育以特殊教育学校为主、结合普通学校随班就读和送教上门等多种形式为补充的特殊教育办学理念，但缺乏有效的管理和规划，局限为

轻度的视力、听力、智力残疾人的随班就读，只是针对部分人的教育方式，没有作为一个教育整体，普特也没有真正融为一体，教师的编制、待遇问题尚未得到合理妥善的解决，管理和规划上也没有真正纳入学校的整体工作计划和发展目标等。

（三）融合教育模式单一

从目前国内外的教育实践看，融合教育也不是完全排斥残疾学生进入特教学校或者普通学校的特教班，而是通过特校和普校的融合教育，建立双重学籍和到普通班走读等教育形式，让特殊教育学校或随班就读的形式成为普通教育的一部分。在坚持融合教育的基础上，灵活运用教育安置模式。就目前看，在普通学校设置的特教班越来越少，有些已经取消了，这种做法是否可取，也有待商榷，如何把相对集中及合理分散开进行有机结合，根据实际情况进行融合教育的安置模式，也还需进一步去思考和探讨。

（四）课程安排设置难度大

由于教育对象处于同一个教育模式中，在学校课程的设置中不能像特殊教育学校那样进行专业的教学，课程进度和教学策略也不能有针对性，不能满足每个特殊学生的个性特点。

二、解决办法

（一）学校领导职能的转变

普特进行融合教育的理念，给我们提供了全新的特殊儿童教育观念。它强调所有的儿童都是不同的个体，拥有他们独特的个性，因此教育应当面向所有儿童，让每个孩子都享受教育的义务和权利，对学龄儿童学校应该零拒绝。让残障儿童在受限制最少的环境中接受舒适良好的教育，但不能千篇一律，要设置针对特殊儿童个性特点的教育体系，比如，学校设置无障碍通道、班里配置一个普校老师一个特校老师等有针对性的教育，而不是形式上的所谓的"融合"。"融合教育"就是普通学校给残障孩子接受教育，融入健全孩子学习生活，拓宽他们视野的一个机会，学校的大门向所有的学龄孩子打开。为了给残障学生一个舒适的学习环境，能和普校学生真正地融合，普校没有特教科研不行，没有特教创新改革也不行，普校必须创建适合自己办学的新模式，来适应特教发展中不断出现的新趋势、新理念。

（二）普校一线教师进行特殊教育培训

普校要求每年新教师要完成特殊教育相应的有针对性的培训，推送普校教师进行特殊教育培训，让普校教师掌握特殊教育的技能。将特教老师们和特教班学生深入普通班课堂追踪学习，这一切是为了使普特老师们的眼界开阔，不至于与最新的教育动态脱轨，更是为了从普特老师到普特学生进行人本化教育，而不是孤立在一隅之地顾影自怜。融合的氛围、环境和课程，全面提升融合教育的教学质量。今后，如何进一步完善特殊教育支持体系，如何更好地获得广泛而丰富的资源，如何让特殊学生、家长以及特教教师得到普校教师的接纳和支持，这是普校老师要去不断探索的，也是我们特教老师不应该丢弃的思考和火种。

（三）教育教学的改革，建立一体的融合教育体制

融合教育是一场教育变革，是一种新的教育模式，融合教育希望通过触动普通教育的根本变革，共同服务公平有质量的发展目标，但从融合教育实施进程来看，尚存在升学不公平的问题。因此，必须建立完善的升学体系，使学生在普通学校得到同样有质量的教育，在毕业后也有同样的就业机会和技能。

融合教育是实现教育公平的必经之路，学生的内在潜能很难在这种体制下得到有效的体现，在课堂上也不能使教育公平得到实现，而缺乏教育公平的教育必然是质量不高的、不完整的教育。融合教育不仅需要教育体制的系统变革，更需要社会文化的改变。我们需要逐步改变社会主流价值，践行自由、平等、公正、友善的社会主义核心价值观，创设公正和谐、平等接纳的社会氛围，逐步创建平等的、面向所有学生的融合教育学校。

参考文献

[1] 张宁生，陈光华. 再论融合教育：普小教师眼中的"随班就读"

[J]. 中国特殊教育，2002（2）.

[2] 辜伟节. 略论科学与人文融合教育的内涵及其实践策略 [D]. 江苏

第二师范学院学报，2006.

手工教学中培养听障学生的创新意识探讨

梅州市特殊教育学校　王沁梅

手工课在聋班开设在一定程度上可以美化听障学生的生活，使他们的动手能力得到提升，确保他们与普通人一样可以感受到手工的乐趣。

一、上好第一次手工课程

由于听障学生是第一次上手工课，所以，老师在上课之前，应该做好充足的准备工作，重点把握听障学生要学习的内容，并且针对学习的目标，制定教学的策略。老师可以先做一个示范品，在讲课中，不能太复杂，由于听障学生的听力不好，可能很难接受复杂的手工制作。如果听障学生不能在课堂上完成手工制作，会导致耗费大量的课下时间，这给听障学生产生很大的负担。因此，在手工制作中，应该本着简单的原则。例如，老师可以让听障学生制作一个泥刺猬，在课前老师要将手工课需要的材料准备好，主要的材料有橡皮泥、牙签和大头针，老师在十分钟的时间内进行手工制作的示范。先将橡皮泥搓成椭圆形，然后用牙签在橡皮泥上扎刺，最后将大头针插在橡皮泥上做刺猬的眼睛。听障学生看到老师在很短的时间内就能做出逼真的小刺猬，他们也跃跃欲试非常想尝试自己制作。在一节课的时间内听障学生们是能完成小刺猬的制作的，老师要对他们进行鼓励和表扬，使学生树立信心。

二、创设情境，激发听障学生学习兴趣

兴趣是最好的老师，所以，在给听障学生进行手工课的讲解中，老师不仅仅要将制作的构思和方法讲授给听障学生，而且还应该搜集大量的图片和范品，让他们欣赏这些精美的图片。在欣赏的环节中，听障学生会激发出想自己去尝试制作的动力。这时，老师只要耐心地将制作的材料讲解给听障学生，使他们了解手工制作的基本原理，就自然而然地激发出听障学生的学习兴趣。兴趣可以促进听障学生思维能力的培养，听障学生在兴趣的引导下才能积极地参与到创新中。不论是谁，在兴趣的驱使下都可以产生极强的求知欲望，这是完善各类创新活动的催化剂。因此，在进行手工教学中，老师应该创新方法和内容，采用寓教于乐的方式，为课程创设良好的情境，使听障学生在情境中发挥他们的想象力，唤醒他们的集体意识，产生强烈的求知欲望。听障学生在轻松和愉快的环境中，才能充满活力，才能大胆地提出问题，发挥自己的见解，成为课堂的主体。通过合理的创设情境的方式，听障学生可以身心放松，这时老师为他们营造良好的学习氛围，一个合适的心理环境对听障学生的创造性发挥起到重要的作用。老师在手工制作活动中，应该多肯定听障学生，要为听障学生建立一个平等的环境，使孩子在学习中更加具有安全感，激发出听障学生创造的火花。

三、多做示范，举例引导

在进行听障学生手工教学的环节中，采用示范教学的方式，在上课中，尽量都采用实物教学的方式，不能采用实物，老师应该在课堂上自己制作。在每次进行实物制作的环节中，老师都是示范给听障学生看，从而使教学更加地直观，在学生实践的环节中，他们才能汲取老师制作实物的经验。在大量的实物制作的环节中，听障学生的思维能力可以得到很好的培养，促进他

们创新思维的提升，他们可以采用举一反三的方式。不仅仅是针对听障学生进行手工教学，即使是正常人，如果不采用实物示范教学的方式，教学也会非常的抽象，导致学生不能理解。听障学生听不见，老师很难去将自己的想法表达清楚，所以只能通过示范的方式，使学生可以观察，然后不断地积累手工制作的经验，最终应用到实践中。在反复的观察和实践后，听障学生的动手能力可以得到切实的提升。所以，采用实物制作教学的方式，可以使教学的效率得到稳步的提升，使教学更加具有针对性，各项活动更加地有序，提升了学生的学习兴趣。

四、针对听障学生的差异，因材施教

老师在教学的环节中，应该制定完善的教学策略，针对听障学生的个体差异，制定有针对性的教学方式。老师不仅仅要考虑到自己怎么做，还要充分地考虑到学生怎么学。如果老师不能分析每一位听障学生的差异，那么在教学中，采用统一的模式教学，导致学生的个性不能充分地发挥出来，学生智力发育受到影响，教学不能达到目标。在实际的教学环节中，要通过对听障学生的不同情况进行分析，如果学生的制作能力比较差，那么应该对他们进行有针对性的启发，当他们获得进步后，老师要及时地鼓励，使学生的学习积极性得以提升，使他们在今后的学习中可以树立信心。例如，在进行玫瑰花的制作过程中，其中有一个听障学生感到非常困难，每次到复杂的制作环节中，他的精力都会分散。这时，为了确保整体教学质量的提升，老师应该给全班同学进行示范，在其他的同学都能独立制作后，老师要单独对那个学生进行指导，让他回忆下制作玫瑰花的步骤，当遇到不明白的情况后，老师要及时地帮助他，当他制作流程出现失误后，老师要及时帮助他进行修改。在经过反复的练习后，这位学生也能制作出精美的玫瑰花。

在对听障学生进行指导时，老师要给学生提供一定的帮助，但是不能过多地干预，否则就会影响学生创造能力的发挥。为了防止学生在手工制作中产生畏难情况或者挫败感，老师在关键时刻应该对他们进行指导，但是不能剥夺他们自主创造的能力。在进行纸袋木偶制作的环节中，听障学生先将信封两侧各剪去一个圆，老师要求这两个圆需要剪得对称和均匀，但是很多学生不能做到这一点。老师在教学中应该对他们产生一定的启发，让他们先剪一边，然后再剪另外的一边，或者让学生对折剪。学生在实践后，发现第二种方法更加有效。老师在上课时要留给学生充足的实践时间和思考的时间，从而让他们获得体验。学生会全身心地沉浸在这次具有创造性的活动中，他们在设计的环节中需要时间去思考。如果实践的时间过短，他们便不能充分地体会到手工的快乐。

五、结语

如今，素质教育正在不断地推进，创新能力的培养非常重要。听障学生创新能力的培养并不是采用固定的教学方法就能完成的，需要在整个的教学环节中落实创新意识，这是一个漫长的过程。课堂教学完善对听障学生的创新能力的培养，老师应该解放思想，完善创新观念，在教材中不断地创新，使听障学生的创新兴趣得到有效的激发，通过教学方法的完善，使学生的创新能力得到切实的提升，使他们在今后的学习中具有创新精神。

参考文献

［1］唐德美.如何提高聋生学习语文的能力［J］.考试周刊，2017（A2）.

［2］王慧云.基于核心素养培养视角下的自主探究教学策略［J］.小学科学（教师版），2017（10）.

以人为本，培养聋生的语言沟通能力

梅州市特殊教育学校　房友梅

"要解决听觉障碍者的问题，最根本的方法就是要为他们解决语言沟通的问题。语言沟通的问题解决了，其他的教育问题、学力问题、情绪问题、社会适应问题、就业问题等自然迎刃而解。"（林宝贵，1994）由此可见，语言是聋生在社会中与人沟通的工具，没有语言就没有聋生的一切，提高聋生语言沟通能力能有效改善聋生的社会交往质量。在学校教育期间，培养和发展聋生的语言能力和水平是聋教育的首要任务。没有语言教育，聋校的一切教育形式就难以存在，一切教育目的都不可能实现。因此，各地特殊学校都非常重视聋生语言沟通能力的培养，聋教育者们甚至围绕"什么是听力残疾者适当的沟通方式"而展开了激烈的"口手之争"。但是，从各地学校的教学实践发现聋生九年义务教育后仍不能通过口语与健听人进行面对面的正常交流，书面语言颠倒错乱、词不达意，让人不知所云。

一、聋生语言沟通能力的现状

要发展聋生的语言沟通能力，必须先了解他们的语言现状。有许多研究表明，聋生的口语发展问题不少，存在着音调异常、音色异常、音强异常的问题。C. J. Jensema等人曾对美国聋生及特殊教育人员的抽样调查表明：聋与重听聋童中能很好地运用口头语言的只有15.4%，较好地运用者占29.4%，全然不能靠口讲话者占12.8%。在语言的发展与阅读方面，聋生明显落后于正常儿童。Wrightstore等人在对10岁半到16岁半聋哑儿童语言发展情况的对比研究中表明，语言方面，聋哑儿童至少比同龄正常儿童落后三年多，16岁的聋生中93%聋哑儿童落后于同龄正常儿童。作为聋人与其他人进行交流时最为精确的语言沟通方式——书面语，聋生通常会出现用词不当、词语颠倒、句子成分错误、语句不通顺、句子不连贯等情况。如果不是熟悉聋生、了解他们的人，是很难理解他们所表达的意思的。所以，由于语言能力的限制，聋生在与健听人交流时常常会发生交流不畅、意思表达不清、不能正确理解别人的意思，甚至误解别人、扭曲别人的意思等尴尬场面。

二、影响聋生语言沟通能力的因素

（一）生理因素

聋生获得信息的感觉渠道与健全儿童不同，健全儿童主要通过视觉和听觉获得和发展语言，而聋生由于听力的损失，失去了正常的习得语音的自然环境，主要依赖视觉来学习，导致他们对语言的学习和理解与正常儿童相比，难度大得多。如果聋生没有接受过有效的学前语训，父母没有对他们的听力进行干预，那么他们的口语学习和书面语学习是同步的，是在教育环境下通过艰苦学习和训练才能获得的，这一点与健听儿童学习外语很相像。

（二）家庭因素

父母是孩子的第一任老师。在聋生学习语言的过程中，父母的影响是非常大的。但是，我国许多聋生的家庭大多生活较贫困，家长自身文化素质偏低，家庭教育质量低下，对子女的教育力度不够，缺乏与子女交流的意识与技能。因此，在聋生语言发展的关键期——学前阶段，早期家庭教育没有发挥应有的作用，影响了他们的早期潜能开发。另外，父母对孩子语言发展的看法、态度也存在问题，有些家长认为聋生学习不重要，把学校当成"托管所"，对子女的学习不闻不问；也有些家长对子女娇宠溺爱，疏于严格管教，这直接导致一些聋生学习动机不强，学习习惯不良，影响到他们语言能力的发展。

（三）早期教育的因素

有研究表明，0—6岁是儿童语言发展的关键时期，聋生若在语言发展关键期接受语言训练，其效果绝对好于在语言发展关键期之后进行训练。但是，就目前情况看，种种原因致使我国聋生的早期教育尚未普及，一些聋生是在父母的寻医问药中或放任自流、自生自灭中度过的，失去了最佳训练的机会。一些经过早期干预的聋生，虽然经历了时间上、方法上不一的语训，但是缺乏规范性和系统性。接受过系统规范的听力语训的儿童在实践中也存在误区，语言训练和听觉训练没有同时进行，重视语言训练，忽视听觉训练导致聋生听能水平低，语言生成转换能力先天不足，严重滞后。

（四）学校的因素

1. 学校自身的因素

我国当前各地经济发展差异较大，城乡之间，地区之间，同一地区的学校之间存在较大的差异。这个差异主要表现在学校的硬件水平、师资水平以及管理水平等方面，这影响到学校的教育教学的质量，影响到聋生书面语和口语的发展。

2. 教师的因素

聋生的语言发展特别是他们的书面语言的发展比健全学生更依赖学校的教育，聋校的教学质量直接关系到他们的语言发展，而教学质量受教师的专业水平限制。就目前来说，我国特殊教育师资素质偏低，缺乏专业教师。有些特校教师是普通学校来的，他们没有受过正规的专业培训，不了解聋生的认知特点、心理特点，不懂手语，基本上是边学边教，无法胜任特校教学工作的需要。另外，特校教师职后培训力度不够，没有及时学习先进的教育理念，教学手段单一。

3. 教材的因素

我国聋校的教材安排几乎是照搬普校以前的教材，只不过是难度有所降低，学习时间拉长，致使教学内容脱离聋生的生活实际，实用性不强，学生学起来困难，缺少兴趣，学习效果差。

三、聋生语言沟通能力培养的教育对策

（一）优化语文教学，提高语文质量

聋校语文教学的质量是影响聋生语言，特别是书面语言的关键。因此，要改变聋生的语言现状，必须从优化聋校语文教学入手。

（1）教师要转变观念，加强基本功训练，以学生为本，遵循耳聋学生语言学习的特点和语言教学的规律，以教材为依托，从基础做起，确实抓好聋生书面语言的教学。

（2）教学中要重视朗读。朗读可以帮助聋生加深对文段的理解，有助于聋生内化语言规则，形成语感。在教学中，教师要结合聋生的实际情况从表情、停顿、中音、音调、速度等方面对聋生展开有目的的训练。需要注意的是，聋生的朗读是为理解课文内容、体会文章的思想感情服务的，在读的时候不能将大量的时间放在纠正聋生的读音上。在朗读方面的要求应该适度降低，要求聋生正确地读、有表情地读、流畅地读。"正确地读"要求停顿正确、口形正确；"流畅地读"要求训练学生读的速度，不能永远停留在一词一读的水平上；"有表情地读"要求投入课文内容，借助手势、表情等理解地读。这样，通过指导聋生抓住重点句段或学生需要积累的语句进行反复的读、熟练的读，形成语感，积累语言材料，最终学习把书本上的语言运用到生活实践中，学会用语言表达自己的思想。在课堂上，朗读的方式有多种多样，如：小组读、全班齐读、分角色读，等等。通过各种形式的朗读、诵读，达到以读激趣、以读促讲、以读引思、以读助学的目的，学生逐渐由被动到主动，理解课文内容，积累语言，并创造性地说出自己的话，达到说得出、说清楚、说明白的效果。

（3）教学中坚持口语教学，合理运用各种语言形式。《全日制聋校课程计划（试行）》中指出"聋校教学语言应以口语为主，凭借课文，使用手指语、手势语、板书等多种语言形式，使学生在学习知识、形成能力的同时，发展语言能力"。因此，在教学中应本着有利于提高和发展聋生的语言

能力、有利于提高课堂教学效果角度出发，合理运用多种语言形式。不要用手语去代替口语、书面语，也不要因为手语的特殊性排除手语的积极作用。而目前，对于口语教学存在三种误解：一是以为推行口语教学一定要让每个聋生把话说得非常好。二是以为推行口语教学必须禁止打手语。三是推行口语教学是为了让学生用纯口语和别人交流。其实，不考虑聋生的听力实际，要求聋生用纯口语和别人流畅地交流是不现实的。在教学中，我们必须区别对待，不求聋生说话时语音清晰、口形完全正确，但求知道这个词能发几个音，知道这个手语是由几个字组成的词语以及正确的词序，书面表达时不再出现表达不出来、表达不正确、词序颠倒、添字漏字的现象，正确掌握语言表达方法。

（4）教学要说写并举。我们教学的最终目的是引导聋生能够在实际生活中运用语言进行交际，培养的是语言的使用者，而不是语言的研究者。因此，在教学中要尽量少讲语法知识，要引导聋生密切结合生活实际理解句子，能根据自己的需求说写句子，表达自己的思想。教学中，首先要通过各种方式帮助聋生理解文段，接下来引导学生总结句式。在此基础上，启发学生联想生活上的情景模仿例句或文段说一说，并写下来。进行训练时要注意在说与读的基础上写。引导聋生先用口语描述，再把说的话用文字形式记录下来，自我反馈，自我纠错，掌握正确的词语搭配方法和语法结构，进而达到能举一反三，能生成数量繁多的新句子、新文段，灵活掌握句式，表达出自己的所见所闻、所思所想。

（5）淡化篇章分析，强化语言文字训练。聋校语文学科的基本教学要求是："进行发音、听话（看话）、说话和祖国语言文字教学，使学生具有一定的听话（看话）、说话及读、写能力……"目前，聋校语文课堂上仍有部分老师无视学生的主体地位，以讲解分析为主，讲解完了，分析完了，板书完了，教学任务也就完成了，聋生在懵懵懂懂的状态下度过了40分钟，语言能力特别是书面语言并没有得到实在的提高。所以，在教学中，我们应淡化篇章分析，淡化语文知识，控制讲读分析的要求和时间，加强聋生的语言文字训练。讲课文的时候，不必逐字逐句分析、逐句逐段讲解；不必过分强调文章的谋篇布局；对课文中内含比较深奥的句子不做过深挖掘、讲深讲透。我们应该把时间还给聋生，组织他们反复地读、背、写，将课文中的语言转化成自己的语言。

（6）课前进行听的训练。实践证明，0—3岁重点是开始听能训练，3岁以后继续进行听能训练、读唇训练、发音及说话训练。但是，由于各种原因，大多数听障儿童的听能开发几乎是一片空白，造成他们的听力功能长期缺乏应有的声音刺激而变得不灵敏；造成他们缺乏主动去倾听、去看别人说话的习惯。因此，对聋生的听力语言训练要贯穿九年义务教育的整个过程。课堂教学中，在保证100%的学生听力补偿的情况下，每节课前都进行几分钟的听（看）话训练，给学生提供声音刺激，保护、训练、发展他们的听力，培养他们会听、会看、能听的习惯，并逐步形成和发展其有声语言。

（二）加强课外阅读，发展聋生的语言和思维能力

课外阅读是课内阅读的扩展和延续。大量的阅读，对于聋生来说，既可丰富词语，又可广泛地学习语言的表达方法，提高语言能力，还可以开阔聋生的知识面，帮助他们掌握读书方法。但是，有一项调查研究表明：聋生在开始阅读时间方面比健听儿童晚；聋生家长对阅读材料的选择不如健听儿童家长广泛；聋生家长缺乏引导孩子阅读的方法。而在山区，聋生更是因为家庭经济状况差、家长受教育程度不高，几乎没有课外读物，在课外阅读方面是空白的，课外信息量非常少，仅仅靠学校的语文课形成和发展语言，这是非常不够的。所以，教师应从学校的图书室、各种报刊杂志、儿童读物、网络等中选择贴近聋生生活、难度适中、生动有趣的文章，引导他们广泛地进行阅读，培养他们的阅读习惯。为了激发和保持聋生阅读兴趣，可以在班级里开展各种读书活动，例如讲故事比赛、朗读比赛、手语比赛等，在学生中展开竞争。学生形成了阅读习惯，了解了社会，认识了自然，书面语言也会得到一定的积累。

（三）鼓励学生养成写日记的习惯

著名作家老舍曾经讲过："写日记是学习写作的'基本功'。最好的窍门就是'每天必写''天天拿笔'，哪怕是写几十个字也好。"许多著名作家就是从写日记开始走上创作道路的。对于聋生来说写日记的目的不是为了创作，而是记下他们的所见所闻、所思所想，真实地记录自己每天的生活，写出自己对生活的思考，表达自己的喜怒哀乐，总结学习、生活中的经验和教训，强化书面语的训练，实现语言的迁移。所以，我们应该从二年级开始给每个聋生建立一个日记本，引导他们从每天看到的、接触到的事情中，选取一件自己最感兴趣的事描述下来，随时随地锤炼语言。记的内容不要求长篇大论，几句话可以，一句话也可以。例如："昨天下午，我们学校举行了篮球比赛。""晚上，我想家了。""一年级的小同学摔倒了，我把他扶起来。"到了高年级后，结合语文教学实际和生活情景，进行"每天一日记"的写作强化训练。这样，坚持下去，学生的日记本记得满满的，语文知识和写作水平必然会有显著的提高，语言沟通水平将会越来越接近理想的目的。

（四）开拓家校联手的局面

家庭教育是学校教育的延伸和继续，只有家庭教育与学校教育步调一致，我们的教育成果才能得到巩固和实现。我们常常发现有时聋生刚刚积累的语言，回家马上就忘了。所以，争取其家庭成员的积极参与，配合好对聋生的语言训练，对于促进聋生语言水平的提高有着重大的影响。为了提高聋生家长的素质，优化家庭教育环境，强化家长对孩子语言训练的意识，学校要有计划、有目的地开展系列活动，如通过家长委员会、家长会、家长开放日、发家长信、建家校联系表等方式，为他们提供现代教育理念。具体的内容有：指导家长为其听力障碍子女安排良好的听觉环境；向家长传授与子女说话的技巧；向家长讲解语言训练知识，协助语言训练；指导家长掌握助听器的使用方法和保管知识，并要求他们督促孩子佩戴；指导家长督促孩子完成家庭作业；等等。同时，我们要有计划地指导家长给孩子提供多种体验活动，鼓励家长带孩子走亲访友、去购物、去旅游、去劳动，等等，并提示其在做每一项工作的时候都尽量边说边做，边看边讲，让孩子参与到生活中去，学会生活的交往技巧，巩固和提高语言沟通能力。

（五）优化班级语言环境

听障学生有一双敏锐的眼睛，他们主要靠眼睛去观察世界，了解世界，可以说他们看到的东西比健全人多得多、仔细得多。但是，他们的语言缺陷主要表现在：语言形成与观察到的不同步，表述不出自己看到的各种生活现象，造成他们见到的不少，会说的不多。针对这点，我们可以根据学生的年龄特点，学习语言的程度，在班级里创设学习语言的情景，布置活的语言训练基地。在布置教室环境的时候，把教室的墙面划分为几个区域，如故事区、读写区、科学区、交流区，等等，每个区都以张贴卡片的形式，让学生自己去搜集或写出所需的资料，让学生有充分参与、表现和自我评价的机会。会说话的墙壁，能启智的角落，帮助学生积累、巩固、运用语言，发展其语言能力。

聋人的语言发展是一个长期而复杂的积淀过程。我们的教育要坚持"以人为本"，注重对聋生的感觉训练、口语训练、手语训练、书面语训练及其他沟通方式和沟通技巧的学习与训练，帮助聋生更好地掌握多元的沟通交往方式，促进聋生语言和交往能力的发展，正确无误地表达自己的所思所想，达到沟通无障碍。

参考文献

［1］赵树铎.特殊教育课程与教学法［M］.北京：华夏出版社，1994.

［2］初冬明，张莉，罗薇.学前听障儿童与健听儿童家庭早期阅读现状对比研究［J］.中国听力语言康复科学杂志，2013（6）.

［3］李春霖.提高聋校语文教学效率的若干问题［J］.现代特殊教育，2012（3）.

（此文获广东省"听障学生综合沟通"学术论文二等奖）

第六节　德育研究

浅谈特殊教育学校班主任班级管理中德育的渗透

梅州市特殊教育学校　李文清

落实特殊教育学校学生素质教育的一个重要途径，就是在特殊教育中渗透德育教育。增强德育教育在特殊教育学校的渗透力度，不光有助于帮助学生养成良好行为习惯，还有助于培养学生们的自信心，促进残障学生健康发展。班级管理绝非规范与约束，更为重要的是给学生创设一种公平、和谐的集体环境。在班级管理中扮演重要角色的班主任，可按班级实际情况，结合科学、合理的教育、教学方式，通过开展系列活动，实现特殊教育的德育目标并促进形成一个良好的班集体，让学生健康愉悦地学习和生活。

一、结合学生特点，切实抓好常规教育

特殊教育学校的学生由于身体缺陷等，大部分学生都是在校住宿，而且大部分学生在入学的年龄就寄宿在特殊教育学校，可谓白纸一张，任你涂鸦。在学生眼中，一个班级就像是一个大家庭，班主任就是家长，班里的同学就像他们的兄弟姐妹。因此作为扮演家长角色的班主任要像家长一样，根据学生特点制定出适合班级学生的常规化制度与措施，规范和约束学生的行

为举止，同时要把学习习惯、行为习惯、安全卫生等教育作为常规教育，通过加强学生日常行为的管理，改善学生自身言行，帮助学生养成良好的学习习惯、良好的行为习惯和良好的安全卫生习惯。在班级管理过程中，特殊教育学校学生受自身身体缺陷等因素影响，可能某些不良行为难以改正。在班级管理过程中，除对学生错误不良行为进行批评与教育外，针对学生不良行为问题，班主任应要反复强调，不放过任何一个细节，督促学生改正。在日常生活中要时刻不放松，切实抓好常规教育，帮助学生养成良好的行为、卫生、学习等习惯。

二、发挥榜样作用，给学生营造良好道德环境

特殊教育学校学生受自身生理缺陷等因素影响，易在行为上出现胆怯与自卑心理，甚至较为敏感于他人的评价，格外注意他人的情绪变化与言行表现。为顾及学生感受，班主任在班级管理过程中，应端正自身态度。当班主任与学生进行日常相处时，应尽量保持微笑，保持亲切、友好的态度，协助学生敞开心扉。因此，班主任在班级管理中渗透德育教育时，应以身作则，积极控制自身情绪，时刻注意自身言行，给学生们营造一个良好的道德环境。例如，班主任在日常班级管理过程中，对于那些表现良好的学生，应对学生的优秀表现予以表扬。对于那些表现不够好的学生给予适当的引导、批评，切忌出现嘲笑、挖苦、蔑视等行为。发挥班主任的带头与模范作用，给学生们树立一个健康、乐观、积极的形象，使学生们能够积极面对生活。

三、组织学生积极参加德育教育活动

为增加学生的情感体验，班主任应在具体实践活动中对学生进行德育渗透，增加学生对德育知识的理解与吸收。例如，在开展"游览公园"、"成立兴趣小组"、组织体育比赛等活动时，班主任应不遗余力地向学生渗透德育教育，引导学生树立正确、健康的道德观念，养成良好的行为习惯。由于特殊教育学校学生对世界的认知主要靠视觉或听觉，且语言能力较差，班主

任应充分结合学生特点，借助实物投影、影视播放、PPT制作等多媒体技术，组织学生观看视频、影视剧等活动，向学生呈现多种教学内容，通过借助多种教学手段，完成德育教育渗透目的，例如，为全面提升学生的道德水平与综合素养，班主任应积极鼓励学生参加学校举办的"三好学生"等活动，引导学生树立争优观念，将学到的德育知识，积极转化成为自身行为；还可以通过开展主题教育活动对学生进行德育教育，例如，在"劳动最光荣"班会活动中，教育学生劳动很光荣，"自己动手，丰衣足食"；还要提醒学生生活中总会遇到挫折，面对困难挫折切勿丧失前进动力，应积极想办法面对困难，迎难而上去克服困难。

四、通过家校合作，开展个性化德育教育

家庭教育相比于学校教育，其影响力更为深远。不少学生假期返校后，会重新出现不良行为。所以，为提升德育教育的实效性，避免不良行为再次出现，班主任应与学生家长保持联系，增强家校合作，使学生在家庭教育条件下，形成一种教育合力，提升学生的综合素质。例如，为增加家长与班主任的良好配合，班主任可通过"QQ群""微信群"等与家长取得联系，积极向家长反馈学生的学科作业、在校表现、习惯养成及假期注意事项等内容，要求家长积极配合班主任，纠正学生的错误行为，从而形成一种个性化的德育教育方式。

综上所述，班主任在特殊教育学校班集体中发挥重要作用，针对这一特殊群体，班主任除要重视日常常规教育外，还应给学生营造一个良好的道德环境、组织学生积极参加德育教育活动，重视家校合作，从而实现提升学生道德品质的教育目标。

参考文献

[1] 李超. 特殊教育学校开展德育教育的有效策略研究 [J]. 发明与创新（职业教育），2020（4）.

［2］赖冬梅，赖春梅.对特殊教育学校德育工作的思考［J］.甘肃教育，2019（6）.

网络环境下的特殊教育学校德育建设

梅州市特殊教育学校　梁梅玉

聋校德育工作要适应信息化社会的趋势，必须确立与之相适应的思想观念、德育理念以及新的对策，重视德育与教学的整合，重视德育的信息化建设。在教育教学过程中，如果能有效地利用网络优势，把先进的信息技术和教育资源进行整合，就能改变传统德育的枯燥无味，最大限度地发挥信息技术带来的其他教育手段所不能达到的教育效果，聋校如何将现代信息技术纳入自身领域，针对聋生的视觉补偿功能，充分利用网络资源的直观形象优势，使聋生在潜移默化中接受教育，提高教育质量，是我们每一位聋教育工作者都需密切关注的课题，需要学校与老师采取符合聋生特点的方法和对策。

一、运用信息技术，构建网络德育的主阵地

（一）发挥学校德育网站的阵地作用

德育网站不仅是一个德育管理、信息交互的平台，也是一个如同板报、报刊杂志一样弘扬主旋律，进行宣传教育的阵地。如结合传统节假日与纪念日进行网络主题教育活动，对学生进行思想道德教育：清明节开展"网上祭英烈"活动；"法制安全教育日""世界健康日"等开展网上知识竞赛活动；向国旗敬礼、做一个有道德的人签名宣誓活动；等等。

（二）利用网络德育资源创新班主任工作和团、队的德育工作

（1）信息技术条件下的德育内容可以是文字、声音、图片、动画、视频等，学生可以全方位、多角度地感知德育内容。例如：让学生观看央视直播的《开学第一课》；禁毒、消防宣传片、爱国主义教育片等节目。展示丰富多彩的网络资源，这样的主题班队会，避免了教师简单空洞的说教，使主题班队会更具感染力和说服力。

（2）利用信息技术开展安全教育工作。学生通过安全教育信息化平台学习安全知识，通过班级群、微信群、国台班级问吧掌握安全知识，利用一体机观看安全例案、开学安全第一课等视频资源，使全体学生了解安全知识、树立安全意识，预防安全事故的发生。

（3）善于发现身边的德育资源。老师可以利用数码相机或手机拍摄学生的日常学习生活，寻找有价值的教育资源，并通过学校的多媒体、班级微信群等平台播放，让学生看到身边的文明行为或者需要改进的地方；还可以将优秀学生的事迹做成宣传片进行展示，树立身边的榜样。

（4）利用信息网络提高学校德育工作层次、拓宽德育渠道。如目前互联网上的"中国共青团""红领巾集结号"等网站，为学校的各级团、队组织提供新的德育载体，团、队员的组织生活会更丰富多彩。团支部及少先队应该在主题团、队活动中充分利用这种新型的德育资源和手段，使团、队的思想组织建设更富实效，增强共青团、少先队组织在青少年中的凝聚力。

（三）充分利用信息技术资源，在学科教学中渗透德育

学校是对学生进行思想道德教育和正确人生观、科学世界观教育的重要阵地。各学科要改革传统的课堂教学模式，充分利用信息技术资源，建立新型的课堂教育教学模式。在学科教学中，可以充分利用网络信息技术资源进行德育内容的渗透，教师可利用网络资源进行备课，补充教材、更新知识、扩大学生视野。例如，在语文课教学《岳阳楼记》时，老师可以让学生通过上网搜集作者的资料及文章的写作背景。学生对于上网很感兴趣，而且网络上资源丰富，查询方便，通过查阅资料学生能了解到很多范仲淹的生平事迹，从他的身上学到他热爱祖国、忧国忧民的高尚情操。其他学科也可利用互联网上的德育资源结合本学科的实际改革课堂教学模式，丰富教学手段，那么德育的渗透自然贴近社会生活，贴近学生思想实际，让学生在不知不觉中受到品德教育，从而达到"润物细无声"的效果。

二、运用信息技术维系家校合作的纽带

利用网络拓宽了家校沟通路径。聋校学生大部分来自各县、乡、镇、村，这些孩子大多为留守儿童，父母大部分在外地打工，一年到头才回一次家，传统的家访、家长会等沟通方式均不适宜。针对这一现象，学校用信息技术制作"家长会课件"，内容包括：学校办学思想、科任老师简介、班级学习基本情况、考试情况和学生表现分析、今后工作设想以及大量的班级、学校活动图片和视频，家长千里之外也能直观看到自己孩子成长的点滴记录，在家长与学校、家长与孩子之间架起了一座无形的沟通桥梁。同时，让学生家长通过电子邮件、班级微信群、学校微信群等形式反映他们的意见和建议，使学校能及时对自身工作中的不足予以改进。

"校讯通"为我们建立了家校联系的平台，方便学校及时和家长沟通，实现了学校和家长的双边互动。对"校讯通"的使用，不要仅仅把它当作发送学校通知和学生考试成绩的工具，还要利用它缩短学校和家长的时空距离，加强心灵的沟通。可以发送学生个评及学生的点滴进步、青春期孩子的特点、家庭教育知识、学生心理健康知识，等等，也可将学校的重要通知、表彰决定或温馨提示通过"校讯通"这一平台发送给家长，让家长能及时了解校园动态，并及时掌握家长的信息反馈，互相沟通学生的思想动向。"校讯通"能快捷、有效地传递信息，同时节省时间，提高效率，为家长和老师提供了一种全新的交流方式，维系了家庭与学校、家长与老师，使得家庭、学校教育达到了有机的结合，优势互补，为实现家校互动起到了举足轻重的作用。

三、运用信息技术架设师生沟通的桥梁

聋生由于语言障碍，特别是中学生正处在身体、心理的发育期，思想道德品质的形成发展时期，充满幻想、富于理想，心中有许多小秘密不愿当面告诉家长和老师，那么，教师就要充分利用微信、QQ等沟通工具与学生交流，了解他们的内心世界，师生之间的沟通方式有多种，可以班队课上集体探讨、三五人的聊天、单独的交流，等等。在信息技术环境下，微信以其独特的功能成为师生沟通的有效途径之一。学生通过微信与老师沟通，向学校和老师对工作提意见和建议，不仅提高了学生的爱校、建校的主人翁意识，培养了学生校兴我荣、校衰我耻的集体荣誉感、责任感，还真正把民主治校落到了实处。学生也通过这种温和的方式，向老师敞开心扉，特别是有些犯了错的学生，想承认错误却又怕被同学发觉，他们找到了一个宽容的环境，承认了错误，卸下心理包袱，得以重塑健康人格。

随着现代信息技术的普及，信息技术条件下的德育教育将扮演重要的角色，现代信息技术将不断推动聋校德育教育的发展，为素质教育的推进注入新的活力。将信息技术与德育教育进行整合，不仅是学校德育工作的重要补充，也是信息技术教学本身的重要内容。无论是深化学校信息技术还是学校德育工作，我们还将面临许多新的问题和困难，需要我们创造性地进行探索和研究。

参考文献

[1] 薛文平. 网络德育的回归：从服从与灌输到自主与选择 [J]. 现代教育科学，2004（10）.

[2] 王凤秋，何葵. 网络对学校德育的冲击 [J]. 现代中小学教育，2001（1）.

[3] 刘键. 浅谈如何做好网络时代的中小学德育工作 [J]. 辽宁教育研究，2002（11）.

［4］施韬.当代大众传媒给德育教育带来的机遇和挑战［J］.科技资讯，
2009（26）.

［5］马秀麟.适应时代要求，加快教师教育信息化［J］.教育信息化，
2005（9）.

尊重在教育中的解读

梅州市特殊教育学校　张会红

人人都有被爱的需要，人人都有被尊重的需要，人人都希望得到别人的爱与尊重。《尊重教育新理念》一书里提道：尊重教育，指教育者对受教育者给予信任和尊重，以树立其自尊、自爱、自信心态，进而促进其健康成长的一种主体教育方法。尊重教育的核心就是尊重教育教学规律，特别是尊重学生的身心特点、人格和权利、兴趣和个性，既尊重有特殊天赋的学生，又尊重学习不良的学生，从而培养学生的创新精神和实践能力，使他们富有生活的勇气、向上的热情、创造的激情和社会责任感。

世界上没有一粒相同的种子，更没有两个相同的人生，每一个孩子与生俱来就带有独一无二的基因和密码。那么，我们应如何落实尊重教育呢？

一、尊重意味着无条件接纳

作为老师，我们既要接纳学生积极、光明和正确的一面，也要接纳消极、灰暗和错误的一面；既接纳咨询师喜欢的，和求助者相同的一面，也要接纳和咨询师不同的、不赞同的一面，还要接受学生的价值观、生活方式、认知、行为、情绪和个性。总之，尊重就是接纳求助者的一切，无条件地接

纳学生的全部。老师对学生没有喜欢、厌恶等情感内容，没有欣赏、仇恨等态度差别。

"无条件接纳"是"接纳学生的情绪"，允许学生有情绪，允许学生表达情绪，但并不代表要无条件满足学生的所有要求。

在课堂上，老师也要无条件接纳学生。当学生回答错误时，做老师的不要批评指责，接纳学生的错误，教会学生从错误中学习经验。

老师在心中接纳学生、关心学生，是爱心的自然表露。这种爱可以引导学生产生巨大的内动力，去自觉地、主动地沿着老师指出的方向迈出。只有当老师给学生以真心的接纳，给学生以亲近感、信任感、期望感，学生才会对老师产生依恋仰慕的心理，才能敞开自己的内心世界，老师才能"对症下药"。接纳应该是表里如一的，建立在人本主义学生观的基础上，从心底尊重学生和相信学生。接纳并不代表认可或同意学生所讲的一切，而只是代表教师把学生看作一个平等的人，承认其想法和情绪体验的合理性，尽管有时那种想法和自己的观点很不相同。接纳也不代表班主任不能有自己的观点，而是指虽然教师的观点和学生的意见有所不同，也仍然愿意认真听取学生的看法，所以我们也可以把接纳看成是一种主动与积极的态度。

人只有被接纳，才会有被理解的感动；人被理解，才能从中体会什么叫宽容；在宽容的氛围中，人与人之间就少了一些排斥，又多了一些包容。这就叫作人对人的尊重。在这份尊重中蕴含着一种信任，这份信任又会带来自尊，而自尊又会产生一种自我发展的动力，这就是无条件接纳带来的结果。

二、尊重意味着信任

尊重就要信任学生。信任也是一种教育力量，它可以增强学生的自信心，鼓励他们克服困难，积极要求上进。尽管学生有这样或那样的缺点，但其心灵深处都隐藏着自信心的渴求，这是唤起学生自我意识的契机。教师应充分相信学生的心灵是为接受一切美好的东西而敞开的。即使是差生，也都有其自身的"闪光点"。教师应善于捕捉它，使之发扬光大，而不应漠视。

相信学生，还应相信学生的能力，放手让他们管理自己，自己教育自己，培养他们敢想敢说，不唯唯诺诺的创造精神，促使学生得到优化发展。

在《第56号教室的故事》中雷夫这样说："我不需要他们爱我，只需要他们信任我。一个老师，想赢得学生的尊敬很容易，但是想赢得学生的信任很难。"

首先，让教学的内容本身对学生有意义，并让学生意识到学习对他生活的价值。一年暑期，我和一所中学的老师交流，一位老师说："我班上的一位同学，我很关心他，在生活上给予过他很多关心，现在每月都和他有两次谈心，他也很尊重我。可是他就是不爱学习，对学习不来劲。"这里，光有爱是不行的，重要的是你得让他感到学习的东西对他有价值，而且他自己能体会到这些东西对未来生活有帮助——"如果我学了这项技能，我的生活会变得更美好"。雷夫教什么？分数不是目标，培养健康、健全的人格品性，使孩子们获得人生的智慧和前进的动力才是目标（不把分数作为目标的教学，反而使他的学生考试成绩名列前茅）。为了让学生意识到学习对自己生活的意义和价值，在周六的课程中，雷夫会让过去的学生和今天的孩子共同交流，用成功的榜样帮助同学们意识到当前学习活动对未来生活的意义，从中发现未来生活的可能性和清晰目标，从而更加自觉地投入学习活动中。

三、尊重意味着真诚

尊重不代表老师没有原则、没有是非观念、没有自己的主见，或是无原则地迁就学生。尊重应体现在对学生的真诚上，应该怀着真诚的心、真诚的情感、真诚的态度对待学生。真诚体现在师生关系中，老师根据师生关系的建立情况，表明自己的观点、态度、意见等。

真诚在师生关系中的具体表现就是真诚地对待学生，去掉一切伪装面具；给予学生充分的信任，对学生作为具有自身价值主体的任何思想和感情，都应给予认可，并坚信他们都能够充分发展自己的潜能；理解并尊重学生私底的内心世界，给予学生关爱与热情，使学生有安全感、有自信心。

做一名真诚的老师，并不是说让老师去讨好学生，而是指老师在课堂上，不管是表扬学生，还是批评学生，都要让学生觉得，老师这样的做法是真的为自己好。同时也意味着，做一名真诚的老师，前提是老师有着自己的喜怒哀乐，有可能因为学生的良好表现而高兴，也可能因为学生的调皮而沮丧。但老师的高兴与沮丧，一定是自然的流露，而不是把高兴用来鼓励学生做老师希望学生做的事，也不是把沮丧用来阻止学生调皮的手段。高兴就是高兴，沮丧就是沮丧，当这种情感是自然流露时，学生看到了老师作为真人的一面，也感受到了老师对学生以诚相待的一面，于是学生更容易以自己的行动来回应老师的真诚，那就是多做让教师高兴的事，少做让老师沮丧的事。有意思的是，正是在老师高兴与沮丧的自然流露过程中，很容易地达到了教育的目的，而这远比老师想方设法地通过表现出高兴与沮丧来实现教育目的更为有效。

对学生而言，他们渴望学校的认同与呵护，更渴望能得到教师的认同、欣赏和尊重。践行"人本教育"，教育者要把学生看成"完全平等的人"，懂得尊重学生的权利，充分尊重学生的自主选择权。在教育管理过程中，要有足够的耐心，来不得半点急躁和冒进。俗语说"欲速则不达"，唯有静下心来、扑下身子，动之以情、晓之以理、导之以行、持之以恒，把握学生利益的诉求点，把握解决问题的关键点，才能化解教育内部的矛盾。

参考文献

［1］陈钱林.尊重教育新理念［M］.北京：人民教育出版社，2005.

［2］唐淑云，吴永胜.罗杰斯人本主义心理学述介［J］.哲学动态，2000（9）.

［3］赵佳.试论存在主义对人本主义心理学的影响［J］.心理学探新，2002（2）.

每一个孩子都是一颗闪亮的星

梅州市特殊教育学校　徐玉婷

2009年，我带着12年的幼教经验，怀揣青春的豪情，踏进了特教行业。犹记得当初进特校时，我的心情也是忐忑的，虽然已有十多年的从教经验，但这是完全不同的领域，与自己之前所学的专业也完全不同。当时特校的温校长对我说："我也是去年才到这儿任职的。我到这儿看到这些孩子，我心里是充满感恩的，感恩自己有健全的身体，感恩自己能来到这所学校，为孩子们做点什么。来我们特校要有三心：有爱心、会关心、要用心。"

调入特校后，我先去考取了小学教师资格证，因为要进入听障部任教，又去参加手语培训、跟岗学习，还参加了心理学C证、B证的学习。在一系列的学习培训之后才正式上岗。

当我第一次走进教室，站上三尺讲台，面对着那一张张纯真的笑脸，望着那一双双懵懂而又渴求知识的眼睛时，我心里是紧张与激动的，同时也有着一份沉重。他们有着与同龄普通孩子一样的纯真与可爱，却无法感受到世界的全部。作为一名特教教师，最基本应当有一颗关爱学生的心。一切因爱而生，一切从爱出发。十几年前一切条件都还没有如今这般好。这些特殊孩子大多来自偏远的农村，家境贫寒，多是留守儿童，而且很多到了年龄还未上学，在家跟着老人生活或在村里的小学跟读，真正到特校时一般年龄都比较大。到了学校后，他们显得很不适应，不能自由自在，不能随心所欲。长期以来他们与家长与正常人缺乏沟通、交流，性格会有些偏执、内向、敏感。他们害怕你们用不一样的眼光去看他们。记得那时我们班上有一个叫叶文思的男孩子。来上学时他已经13岁了，人长得高高瘦瘦的，不理人，不跟人交流，一副桀骜不驯的样子。一天，一个三年级的小个子男孩哭着到我这儿来告状，说叶文思打他。我让学生叫来叶文思，问他是不是打人了，他歪着头不理我，我说："你再这样子我就打电话给你爸爸。"没想到他听了我这话狠狠瞪了我一眼走了。后来，我才了解到叶文思打人，是因为那男孩取笑他这么大了还读一年级，而且他爸爸经常不分青红皂白地打他。我听后及时跟他爸爸联系，在电话里首先表扬了叶文思在学校的表现，又问了一些他在家的情况，后来我跟他爸爸谈了关于跟孩子沟通、孩子的教育问题。打是解决不了问题的，特别是他们这些孩子，而且随着孩子年龄的增长，有了自己的想法，有了自尊心了，更要处理好。晚修课，我把叶文思叫到了办公室。我跟他聊了很多，告诉他他的父母经常打电话来关心他，希望他能在学校好好学习，但因为沟通的障碍，而且父亲脾气又有点暴躁，所以会对他动手，其实父亲也很后悔这样对他。我还告诉他其实父母也很不容易，自己读的书少，只能每天起早贪黑做苦工。叶文思虽然有听力障碍，但他很聪明。我还跟他讨论了他打人的这件事。虽然那位同学不应该取笑他，但他打人就更不对了。我们不能阻止别人怎么说怎么想，但我们可以用行动去证明自己，改变别人对自己的看法。后来我带着他向那位同学道歉，同时，那位同学也认识到自己的行为不对，也向叶文思道歉。之后，叶文思不但学习认真，还经常帮助小同学打热水，帮老师提一些较重的物品。毕业后，他去学了手艺，如今已自食其力。孩子的成长需要爱，而爱孩子除了关心爱护、尊重他们的人格之外，还要与学生保持交流沟通，了解他们的心理变化，用公平公正的眼光正确地看待他们，多倾听孩子的意见，给他们营造和谐的环境，唤起孩子的自信，让孩子们都学会做人，战胜自我。

特殊学校的学生因为自身缺陷导致他们不能像正常学生一样生活和学习，但是同样，特殊的学生也具有好奇、追求知识、追求幸福生活的梦想。我们班上有个女孩子叫刘伟媚。她还有残余的听力，也能说一些简单的句子。但她脾气很不好，动不动就骂人。她有点怕我，但又很想亲近我。她很善于观察每位老师的衣着打扮，这让她觉得很新奇，但她对于学习却不太用心。一天，我发现她突然穿了耳洞。我问她，谁带她去穿的？为什么要穿耳洞？不想她指着我的耳朵说"漂亮"，原来是看见我戴着耳环觉得很漂亮，就自己也去穿了。我说："你的钱哪里来的？"她说妈妈给的。我又问她妈妈怎么挣的钱？她说做工。我说："我的是自己挣的钱。我认真读书，努力工作挣的钱。你也可以打扮自己，但你要用你自己挣的钱。怎么挣钱？首先你要认真读书，学好知识，通过自己的劳动、自己的努力去挣钱。"后来体育老师发现了她在体育方面的特长，想培养她做运动员，她跟我说不想去，训练很辛苦、很累。我跟她说："爸爸妈妈上班也很累，如果他们也不想上班的话，家里哪来的钱供你上学，给你零花钱。一家人吃什么？穿什么？有付出就会有收获。你训练虽然很累，但是因为参加比赛你可以去很多不同的地方，增长见识，得了奖那是很高的荣誉，大家都会为你喝彩。"同时也做她爸爸妈妈的工作，让他们多鼓励她。如今她已经是一名职业运动员，还拿了很多的奖。自己能挣钱了，会打扮自己，运动员的训练很辛苦，但这个过程也让女孩成长了，体会到了父母的不容易，学会关心父母了。我相信每个学生的心灵都会在爱的触动下成长起来！他们需要的是真诚的微笑，疼爱的目光，但更加需要教育，让孩子懂得"一分耕耘，一分收获"，有付出才会得到，让孩子学会感恩。

身体上的残疾给学生的学习生活带来了诸多不便，这就需要我们这些特殊教育老师付出更多的关爱。我想每个班都会有调皮的孩子，我班也不例外。我班有一个很聪明又顽皮的孩子。他经常捉弄、欺负同学，完了还笑嘻嘻的，大家都不喜欢他。慢慢地，我发现他做这些举动只是希望得到别人的关注。其实他也常常默默地做着一些好事：当有的同学没带铅笔时，他会悄悄地把准备好的铅笔送给他；看到同学的水杯没水去帮他们加水；每次劳动课总是最积极提水的那个；下课了，又是他拿起黑板擦擦黑板……他是一个单亲家庭的孩子，跟父亲一起生活。但父亲工作忙，再加上沟通的障碍，使得他们父子很少交流。他很孤独，很希望被关注。我把他做的那些好事曝光在同学们的眼中，慢慢地，同学也对他改变了看法，会与他交流，跟他一起玩乐，他脸上的笑越来越多了，跟同学们的关系越来越融洽了。假期回到家后还会主动跟他父亲交流呢！他父亲也很高兴自己儿子的转变。这件事使我深深体会到：调皮的孩子更需要爱！问题的关键在于：教师怎样去捕捉他们身上的闪光点，怎样用爱心去滋润他们幼小的心田，使他们在爱的阳光里茁壮成长。

汪国真曾经说过：有一种生活，只有经历过，才知道其中的艰辛；有一种艰辛，只有体会过，才知道其中的快乐；有一种快乐，只有拥有过，才知道其中的纯粹。作为特教人，我不悔！作为特教人，我骄傲！

参考文献

［1］陈俏云. 如何做一名立德树人的特教老师［J］. 中国教师，2019（2）.

［2］鲁翠红. 立德树人教育案例［EB/OL］第一文库网.

《爱的教育》读后感

梅州市特殊教育学校 黎晴

记得我第一次读《爱的教育》是在小学三年级的时候，那时候我还不能理解里面的内容所包含的意义，只是把它当成一种消遣，囫囵吞枣地读了一遍。《爱的教育》是意大利作家亚米契斯所著的一本书籍。这本书非常有趣的是，作者以一个小学生的名义，通过日记的形式，讲了非常小的故事，然后把"爱的教育"融入这些故事中，用来陶冶青少年一代的思想情操。

爱，一个多么熟悉的字眼，在每个人的心目中都有一份纯真的爱，爱是无私的，爱是博大的，只有生活在爱的海洋里，才会享受爱。如今重读《爱的教育》时，我已是一位身兼特殊教育职责、从教多年的特教教师，重读后感触良多，才真正领悟到爱的境界。《爱的教育》介绍了意大利儿童安利柯在一个学年的十个月中写下的日记，包含了同学间的爱、姐弟间的爱、孩子与父母间的爱、师生间的爱、对祖国的爱等内容，让人像是在爱的怀抱中成长。

"爱的教育"这四个字，说来容易，做起来又何其难！在安利柯的生活中，家长和老师都是那么细腻地用行动教会孩子如何去爱。书中所写的，不过是一些平凡而善良的人物，像卖炭翁的、小石匠的、铁匠的儿子，少年鼓手，带病上课的老师，等等，还有他们平常的起居。其中教师对学生关爱有加，以及尊重学生、体谅学生的一字一句，无不触动着我的心灵，使我不禁回想起自己的一些教育经历，这些教育经历，时时激励着我。

一、关爱困难学生，凝聚团队力量

我在任教的初期，遇到过一件事，就是发现有一个名叫嘉祺的学生连续几天都穿着同样的衣服，已经开始有破损的地方了，还不去换，不由得眉头紧锁。那天放学后，我在学校附近买了一件衣服，第二天上课前进了班，一眼就看到了那个穿着破衣服的小嘉祺，便走过去关切地喊他过来，并把衣服递给他。小嘉祺看着我很错愕，没有伸手去接衣服。我就跟他说："穿破衣服不体面，老师送你一件衣服，有什么困难可以跟老师说，老师会尽全力帮助你。"小嘉祺这才胆战心惊地接过衣服，吞吞吐吐地说出了他的情况。通过学生们的诉说，我才明白，原来小嘉祺的父亲在他小时候就意外去世了，父亲去世后，母亲也离开了家庭，最后年迈的爷爷奶奶不得不承担起抚养他的责任，平时爷爷奶奶主要靠低保来养活这一家三口，偶尔去卖一卖菜，所以生活一直过得很拮据，衣服都是不破就不买。前几天爷爷摔伤了腿，正在医院住院，奶奶也在医院照顾受伤的爷爷，治疗费对于他们来说是一笔不小的费用，目前还有一半的费用无法支付，所以小嘉祺即使衣服破了，也没有钱买新衣服。了解到这些情况后，我心里非常难过，把口袋里剩下的一百块钱递给他，他不敢接，只好硬塞进他的口袋，并安慰他，告诉他不用太担心爷爷的身体，一定会好起来的，费用问题老师一定会帮他解决的。

回到办公室后，打开支付宝，我的心情非常失落。自己也是才刚从教，一个月工资不多，平时开销也是大手大脚，没什么积蓄，靠个人的力量根本解决不了费用的问题，想到这里我就心急如焚。经过一晚上的思考，我决定发动大家的力量来解决，于是第二天早上我先来到办公室，把学生家里的情况告诉办公室的同事，恳求他们能捐点款，帮助学生家庭渡过难关。办公室的同事们都很有爱心，纷纷伸出援手，办公室同事们的捐款就解决了22%的未缴费问题。之后，我又来到班级，把学生召集到教室里，安静地坐在座位上，把嘉祺同学家里的情况告诉了班里的所有学生，号召班里的同学尽自己所能给予援助，能捐多少就捐多少，不能捐也不强求，同学们听到情况后，心里非常难过，几乎每个人都捐了自己力所能及的钱。这样一折腾，费用问题就解决了。收到费用的爷爷奶奶十分感动，小嘉祺在此之后也是勤奋学习，学习成绩蒸蒸日上。

二、用心做好教学

教学是教师的首要任务，我想教学的好与坏决定着教师的用心程度，接下来我就来说说教育中与教学有关的心得体会。

（一）课前方面

自从担任特教教师以来，我把教学工作看得非常重。为了使听障学生能够得到高质量的教学，我一直在刻苦钻研教学内容、教学方法的同时，针对个别听障学生的情况，有针对性地制订教学计划，从而确立了教学任务、教学目标，掌握了教学的重难点。

（二）课堂教学方面

在课堂教学方面，我用素质教育代替应试教育，改变了只注重学习成绩，不注重学生各方面能力发展的教学方式，转变了教师的主体地位，让学生在教学和学习中当主角，这样做不仅促使学生更加积极主动地投入学习中去，提高学习成绩，而且使学生各方面的能力在课堂教学的过程中都得到了提高，如自主能力、创新能力等。我在课堂教学中积极推行合作学习，让学生组成一个学习小组，要求组成的小组成员学习成绩和学习特长不同，有的人数学好，有的人语文好，有的人英语好，有的人才艺好，但有一科有瑕疵：有的人总分低，但某一科成绩突出，这样组成的小组可以让小组成员之间相互取长补短，相互切磋，共同提高自己的学习成绩。

（三）课外方面

我在课外也非常关心学生的学习情况，所以我在课外每次都会用心做好以下几件事：第一，用心批改作业；第二，教学反思问题；第三，开展课外学习。首先说一下批改作业，每一次的批改作业，我都会很用心，但是在从教初期，由于我的经验，只知道一味地按题目对错进行批改打分，导致学习成绩不好的学生没有得到足够的鼓励。之后随着经验的积累，我才发现这种批改方式的不足，接下来决定在每一次批改作业完成后，在后面写一些鼓励的话，对作业完成程度不同的学生给出不同的鼓励话语，比如：面对作业完成完美，没有出错的学生，我会在作业后面写"这一次你完成得很完美，希望你下次能保持住"；面对作业完成优秀，稍有差池的同学，我会在作业后面写"你这次作业完成的程度是优秀的，超过了大多数同学，希望你能不断超越自己"；在面对作业完成一般的同学，我会在作业后面写"这次你完成得很好，提升空间很大，我非常看好你，继续加油"；面对作业完成程度差的同学，我会在作业后面写"你这次作业虽然完成得不好，做错的题目也不少，但是我知道你很聪明，这次不是你应该有的水平，只是你比较贪玩才落到这个地步，我相信你只要稍微努力一点就可以了，就会很好地把作业完成好"。通过这种鼓励的方式，使他们更加主动、更加用心地学习，从而达到提升学生能力、提高学习成绩的效果。然后说一下我的教学反思，我每周都会进行教学反思，教学反思主要有以下几个方面：一是找出不足产生的原因是什么，然后根据不足产生的原因，摸索出相应的解决办法，然后在课堂上实施办法，并评估实施办法带来的效果，思考是否需要更换办法或改进办法；二是好的地方，总结教学中哪几个地方做得好，为什么做得好，可以借鉴哪些好的地方。最后说一下通过学习来提高自己的教学，我学习的目的有以下几个方面：一是通过课外学习，把教学过程中遇到的问题解决好；二是通过课外学习，提高自己的教学水平，从而使学生得到较高质量的教学；三是使自己的教师素养再进一步。而我的课外学习方式主要有以下几种：第一种是网络学习，比如看同行分享的其他视频；第二种是书本学习，这里指的是以文字形式的纸质书、电子书，通过阅读专业的纸质书、电子书来提高自己的教学水平，解决教学过程中遇到的问题。通过长期的课外学习，我也能清醒地认识到自己解决教学问题的能力和教学水平、教师素养，以及对听障学生的认识和关爱都有了明显的提高。

用"爱"感化学生，真诚服务学生，做学生生活中的朋友。爱，像空气一样，每天在我们身边，因其无影无形往往会被我们忽略，然而我们的生命中却不能缺少它，事实上，它的意义早已融入了生命之中。就像父母的爱一样，安利柯有一本日记是和父母一起读写的，现在很多同学的日记上都挂着一把小锁。最简单的东西却最容易被忽视，就像这博大的爱里浓浓的亲子之爱，很多人感受不到一样。爱之所以伟大，是因为它不仅仅是对个人而言，它还承载着以民族整体为荣的尊严和情感。

总之，教师要努力做到爱得得体，严得有理，严得有度，严得有方，严得有理，这样才能把正确的爱生动机和真正教好学生的效果统一起来，做一个真正有爱的教师！爱，就像空气一样，每天都在我们身边，它的无影无形常常会被我们忽略，然而我们的生命却不能缺少它。爱应该是教育的力量之源，教育的成功之本。"爱是一场没有尽头的旅行，一路上边走边看，会很放松，每天都会因为感悟和学习新事物而充实起来。"于是，就想继续走下去，甚至投入热情，对持续多久并不在意。夏丏尊先生在翻译《爱的教育》一书时说过这样一段话：教育若无情无爱，如同池塘无水。无水不成其塘，无爱就没有教育。

师德，教育路上的一盏明灯

梅州市特殊教育学校　王沁梅

古人云："师者，人之模范也，无德者无以为师。"师德，是教师必须具备的职业素养。教师不仅要"传道授业解惑"，更要成为学生的学习榜样。"为人师者，必先正其身，方能教书育人，此乃师德之本也。"老师平日里的一言一行、处事风格、对待学生的态度，都会深深地影响着学生。自从踏上从教路，不知不觉中岁月一晃而过，回首这24个春秋，一路走来，有欢乐，亦有忧愁；有惊喜，亦有失落；有平淡，亦有精彩。从懵懵懂懂的学生娃，到真正站上三尺讲台的老师，角色的转变，教授的时刻，一切都让我感到新鲜而充满挑战。从当年风华正茂的青年，到步入华发斑斑的中年，肩负的责任，心中的热爱，一刻也未曾让我轻易放弃过。而师德，像是教育路上的一盏明灯一直照亮我前进的方向。

一、关爱学生，是师德的关键核心

苏联教育家捷尔任斯基曾经说过："谁爱孩子，孩子就爱他，只有爱孩子的人，他才能教育孩子。"对学生的爱应该是公平的，教师不能因学生的贫富、美丑、健康与否、成绩好坏，而有所区别对待；对学生的爱应该是一如既往的，特别是在学生犯错的时候，或者是学习态度出现异常的时候，又或者是学生之间出现矛盾误会的时候，老师要注意控制好自己的态度，要把握好自己的语气，要宽容但不纵容，要顾及每一位学生的自尊心，更要信任每一位学生，有时亦需要"随风潜入夜，润物细无声"；对学生的爱应该走进他们心里，和他们做朋友，谈天说地，关心他们的日常琐事、乐事、烦事，融入他们的生活中去。在他们的心里种下一颗爱的种子，亲切和蔼如阳光雨露孕育他们成长。

班里有个学生叫小何，来自单亲家庭，兄弟三个跟着妈妈生活。由于两耳失聪，家里人无法跟他正常沟通，弟弟们也不和他玩耍。放假宅家与小说为伴，在学校和小伙伴又不太融洽，长期孤单一人，使他看起来冷酷不爱"说话"，甚至脾气易暴躁。因为他的个性突出，引起了我的关注。刚跟他接触的时候，他也不愿搭理人。经过三番五次的交谈，上课时有意无意地提问他，让他担任班里的宣传委员，负责教室文化墙的设计、安排相关工作……一年后，小何变了，变得会微笑了，变得会和小伙伴打球玩耍聊天了。记得有一次，他和小陈在闲聊。小陈说："你不喜欢王老师吗？那你回一年级读书去。"小何说："我不是喜欢王老师，而是敬重。"真是让人惊喜，一年前种下的爱的种子，发芽了。

二、肩负责任，是师德的重要体现

教师的责任是教书育人。要做一个合格的负责任的教师，没有爱心是不可能做到的。爱自己的孩子是天经地义的事，爱别人的孩子是每一个教师的职责体现。一个有爱心的老师，才能教会学生去爱父母、爱老师、爱同学、爱身边的每一个人；一个有爱心的老师，才能用自己的言行举止来影响学生、带动学生，去热爱学校、热爱生活、热爱身边的这个世界。

教师的责任心主要体现在对工作的态度和对学生的关爱。为了把书教好，教师有责任不断提高自己的业务水平和个人素质，认真钻研教材，备好每一节课，经常翻阅相关书籍，补充学识"养分"。为了把学生培育好，教师要做学生的良师益友；以良好的行为习惯影响学生，以和蔼可亲的态度温暖学生，以严以律己的准则约束学生；为人师表，做学生的榜样。

教师的责任，不仅仅是把学生培养成才，更多的是，要关注学生的思想、心理健康成长。教师的成功与否，不仅仅是看到一个个学生走向社会的舞台，更多的是，学生能否成为对家庭、对社会有用的人，能否成为一个积极向上、对身边人产生良好影响的人。都说，做教师做的是一份良心活儿。其实，说的就是一份责任感。平凡的人，平凡的岗位，做着一件平凡的事，肩负的却是一份对社会、对学校、对家庭的崇高责任感。

三、用心教育，是师德的必备因素

教育的意义在于"一棵树摇动另外一棵树，一朵云推动另一朵云，一个灵魂唤醒另一个灵魂"。身为人师，必以微薄之力，行育人之典范，一言一行、一点一滴去影响每一个学生。教育是一个长远的过程，这个过程能否成功，它的评判结果从来不是学生的成绩如何，考入哪所大学，到哪里就业，而是，学生是否成长为一个正直勇敢、积极向上、阳光开朗的人。

我有九个特殊的学生，从十三四岁到二十岁，九个学生，九种性格。虽然他们两耳失聪，但并不影响他们拥有一颗想要看懂这个世界的好奇之心。每一个学生都是天使，与其说我在陪着他们长大，不如说是我在和他们一起成长。很多时候我在想，我该如何去爱这些被上天吻过的孩子？一个偶然的机会，从全国优秀教师魏书生老师那里找到了答案，亦是一个很值得学习的育人观点：对孩子要有一双善于发现的眼睛，一对善于倾听的耳朵，一颗平等的心，像对待朋友一样对待孩子。

在和学生相处的一年多时间里，我渐渐摸清了他们的性格、爱好、生活习性，并根据他们的特点和特长，给他们每个人量身定制了一个"将领"。九个孩子，九个"将"，没有"兵"。通过民主选举的方式，根据每一个配备的"将领"担任要求，"我选我""我选你""我选他/她"，让这些"将领们""自然"产生。在正式"任命"的一段时间里，每一个"将领们"都发挥着不错的作用。每个学生都有自己的闪光点。也许，他的学习成绩并不理想，但是他乐于助人，有担当，又或者他/她体育、舞蹈很出色……找到孩子们的优点，鼓励他、肯定他，不要吝啬赞美的语言，恰当的表扬会给孩子产生很大的影响。

回想这二十多年来的为师路，感动的事情一幕幕浮现眼前，收获的幸福一份份珍藏于心。世间的花，因为有了阳光才灿烂；世间的人，因为有了彼此尊重才能真诚相待；教育之路，因为有了责任和爱，学生才能健康成长。从教路上，师德之灯闪闪发亮，我将继续肩负一份责任，心怀一份热爱，捧一颗初心，掬一抔净水，义无反顾朝向最初的梦想前进。

听障教育思想品德课程的针对性实践研究

梅州市特殊教育学校　孙玮

现阶段关于听障教育思想品德课程的针对性实践等方面研究相对较少，基于该问题现状，提出优化措施，如明确课程实践方向及目标、构建全方位思想品德课程体系、强化内容的结合性提升学习兴趣、针对性制定方案开展多元化教学、采用实践+理论方式推动针对性实施、实施情境教学促进针对性实践教学等，具有较高的理论价值意义。

一、思想品德课程概述

思想品德课程不是单一片面的简单流程，而是更为细化、科学的设计布局。思想品德课程内容主要以"德智体美劳"为主，侧重对学生人生观、世界观、价值观的树立培养，并强化人格健全与思想独立塑造。思想品德课程在于对学生行为、准则等进行重新规划、思想转变，以社会主义核心价值观为方向，培养适应当下中国特色社会主义建设及发展的所需人才。

二、听障学生特点及问题分析

1. 身体障碍影响

初中阶段是人生重要转折时期，对健全思想及行为塑造具有十分重要的促进影响，听障学生属于特殊群体，在教育培养中要区别于正常学生，从关注到方法上都要进行创新植入、优化升级。在身体障碍方面主要以语言障碍、听力障碍为主，语言及听力障碍对学生生活、学习皆造成较大影响，无法形成较为完善的逻辑认知及学习思维，对外界信息获取及内心表达造成一定难度。语言及听力障碍对其正常情感造成波及。其情感世界范围不大，实际生活也多为单调，很难融入社会或生活学习中去。

2. 心理障碍影响

身体障碍必然对其心理造成一定影响，初中听障学生正处在成长阶段，受自身听障问题所限，在生活学习中往往会产生诸多负面思想、消极情绪，往往认为周围对其产生看法，如"不喜欢、瞧不起、鄙视"等，容易导致听障学生心理阴暗面出现。长此下去畸形心理出现，认知了解及善恶判断发生问题，行为及思想容易受不良因素误导，形成偏激心理。因此，在实际教育中一定要侧重对听障学生的思想道德培养、健全心理塑造。

三、听障教育思想品德课程实践要点分析

1. 明确课程实践方向及目标

在听障教育思想品德课程组织实践前需对其方向、目标进行明确，只有明确方向及目标才能更为快速地开展组织实践。首先以解决听障生实际问题为主，根据听障生自身特点，对听障生思想问题、心理问题进行统计分析，将课程教育的功能进行发挥体现。其次按照教材及内容进行预先规划、方案制定，在其过程中要明确教材内容植入的创新性，提升思想品德课程实践的结合效果，为更多地解决听障生所遇问题奠定基础。最后进行阶段性设计、系统化布局，在思想品德课程教学中要对实践项目进行系统设计，对课程实

施的不同阶段进行科学布局，要诠释结合初中听障生的特殊性，全面将思想品德课程教育功能进行最大程度发挥。

2. 构建全方位思想品德课程体系

初中听障生在接受思想品德教育中往往会产生厌烦感，传统课程内容及形式很难让听障生接受，经分析后发现在听障生思想品德教育中依然以传统模式为主，教育内容过于单一，只是照本宣科进行内容讲解。基于此，要对思想品德课程内容及教学模式进行优化创新，全面提升课程的实效性。构建全方位思想品德课程体系，主要以听障生心理教育、思想教育、人格教育、情感教育为主，并将其进行课程内容融合，在思想品德课程实践中全面提升学生情感、心理及人格的综合素养。

3. 强化内容的结合性提升学习兴趣

经分析后发现，初中思想品德课程教学中往往缺乏对听障生问题分析，课程内容相对较为复杂，很难激发听障生学习兴趣。如思想品德课程内容篇幅较大，缺乏理论与实践融合，无法发挥课程教学实践效果，实际实践中不易激发听障生学习欲望，甚至产生厌烦感。因此在课程针对性实践中一定要体现"针对性"，简化课程内容、提取教育重点，发挥核心教学功能，让听障生可快速融入其中，全面激发学习欲望及兴趣。

四、听障教育思想品德课程针对性实践设计及应用

1. 针对性制定方案开展多元化教学

结合听障生实际情况，在思想品德课程针对性教学中以"方案""多元化"教学为主，开展相关针对性实践设计。第一，开展信息及数据调查，对听障生实际问题与成长轨迹进行信息调查、数据分析，以不同类型的教育对象构建不同的思想品德教学方案，即"针对性"课程实践前提，通过针对性教学方案制定后为后期解决听障生心理、情感问题做好准备。第二，以重点教育及针对实施为主，重点教育、针对实施主要以典型案例为主，对思想及心理较为严重的听障生进行集中施教，如心理引导、思想端正、情感疏解、

鼓舞激励等，通过思想品德课程及内容创新全面提升针对、重点性植入。

2. 采用实践+理论方式推动针对性实施

首先对思想品德课程内容进行创新丰富，在该过程中植入社会热点、新闻时事等，对思想教育与心理引导的社会实践性进行体现，让听障生脱离传统的课程内容灌输，而是结合社会信息及内容以新姿态、新感受融入思想品德教学中去。通过社会信息及热点植入全面激发学生探知欲望、激发听障生探索外界与沟通的思想情绪，便于实现主动学习、自主领悟。其次对教学方法进行丰富，如比较法、启发式教学、情境表演、多媒体教学等。通过多种方法及形式应用，构建综合立体的思想品德课程教学体系，全面提升听障生综合素质、道德品质。

3. 实施情境教学促进针对性实践教学

情境教学方式对提升听障生认知及情感领悟尤为关键，听力及语言障碍限制的解决方式就是提升视觉感受，通过看、动、触等肢体表达形式，全面领悟思想品德内容及精神所在，让学生通过自身体验及操作开始感受问题所在、方法所在，对善恶、对错进行理性判断，提高思想素质及行为道德准则。

具体事例如在"礼仪展风采"课程内容设计实施中，让学生思考一下"人一天当中可能会遇到哪些礼仪"，并让其上讲台进行系统演示。此时学生经过思考分析后，对日常礼仪形式进行提出，课堂中学生争先恐后积极进行示范演示，教师可让其他学生进行认真观察，如演示学生示范不够规范、标准，则其他同学可进行现场指出、纠正等。通过该活动的组织实施，诸多在生活中极易忽视的礼仪都会呈现出来，都被找出来，不仅有效活跃课堂气氛也让学生充分体会到礼仪学习的快乐，自身情感得到全面升华。又例如教师在组织实践思想品德教育中可结合重阳节、助残日等，带领听障学生进行公益活动，如通过进社区、服务孤寡老人、爱心义卖、环保从我做起、慈善一日捐等活动，让听障学生与社会的二者关系得到巩固，让学生主要在社会中发现乐趣、探索生活本质，使听障学生能够重新认识自我价值，并在社会实践中不断完善自身人格。

结论：综上所述，通过对听障教育思想品德课程的针对性实践进行分析，主要包括明确课程实践方向及目标、构建全方位思想品德课程体系、强化内容的结合性提升学习兴趣、针对性制定方案开展多元化教学、采用实践+理论方式推动针对性实施、实施情境教学促进针对性实践教学等，对日后提升初中思想品德教学水平意义较大。

参考文献

[1] 胡海静.听障教育思想品德课程的个性化实践与研究［J］.教师，2019（15）.

[2] 胡海静.特殊教育学校思想品德课程的探索与实践［J］.华夏教师，2018，120（36）.

[3] 张红珊.浅谈新课程背景下聋校思想品德课的现状与对策［J］.新课程学习（下），2011（5）.

[4] 高婷婷.信息技术在听障学生思想品德教学中的应用［J］.中国教育技术装备，2016（3）.

用心丈量教育的维度

梅州市特殊教育学校 魏丽华

俗话说，"万丈高楼平地起"，启蒙教育是教育的基础。如果没有良好的初始启蒙教育，就会影响孩子的一生。作为一名小学教师我时刻感到肩上的责任重大。师魂的核心是师德，强烈的责任感在鞭策着我们要具备良好的师德。每个工作岗位都有它存在的意义，那么我们教师存在的意义何在呢？我想只有真正理解了师德师风的含义，才能真正地成为一个对得起自己，对得起学生，对得起社会的教师，在不断的学习和学生交流的过程中，我对于师德师风有了更深的理解，"百年大计，教育为本；教育大计，教师为本；教师大计，师德为本"。那到底什么是师德师风？人们没有一个很严格的定论。一般认为，所谓师德，就是教师的职业道德，教师应该具备的最基本的道德素养，爱岗敬业，教书育人，为人师表，诲人不倦，等等，即教师的行为作风。热爱学生，尊重学生，关心学生，等等，这都是师风。师德师风对一个教师特别的重要，因此，我决心把"以德立教，爱岗敬业，为人师表，无私奉献，争做让人满意的教师"作为自己的奋斗目标，不断提高自己的政治和业务水平。

首先，我坚持学习，努力提高自身的思想政治素质，按照《中小学教师职业道德规范》严格要求自己，奉公守法，遵守社会公德，忠诚人民的教育事业，为人师表。坚持以身作则、严以律己，增强自身的自控能力，控制自己的情绪，始终保持良好、平和的心境，精神饱满地投入工作，平时积极参加全校各种集体活动，支持并配合组里搞好各种教研活动。孔子说过："其身正，不令则行。其身不正，虽令不从。"我们教师若不是路标，纵然理论再高，教育形式再好，艺术性再强，都是无根之木、无源之水。每个教师一举一动、一言一行、一思一想、一情一态，都清晰而准确地印在学生心灵上，这就是无声路标示范性，这种示范性将在学生心灵深处形成一股排山倒海般的内化力。

其次，作为一名教师首先要热爱自己的岗位，有强烈的责任心，只有这样才会真正全身心地投入，认真备课，精心组织每一次讲稿，认真对待每一堂讲课，想方设法把尽可能多的知识传授给学生，完成古人对教师的教书方面的职责要求：传道、授业、解惑。其实任何事情都是双向的，学生如果看到老师这么努力、这么认真，付出这么多来教他们，我想他们肯定会首先在思想上对这位老师予以肯定，不会在学习的过程中对老师的教学态度持有怀疑，真正起到了示范的作用，这样对学生的学习肯定是相当有利的。教师应该热爱学生，主动经常与学生沟通交流，了解学生的思想，从心里愿意与学生成为朋友，建立起平等和谐的师生关系。德育工作是学校工作中的重中之重，而德育工作的秘诀就是"爱"。师爱是伟大的、神圣的。在教学工作或生活中，首先，我了解学生，包括对学生的身体状况、家庭情况、知识基础、学习成绩、兴趣爱好、性格气质、交友情况、喜怒哀乐的深刻了解。为了了解学生，我每天都和他们在一起，和他们说说话，在闲谈过程中了解他们的基本情况。其次，我热爱每一个学生。学习好的爱，学习一般的爱，学习差的也爱；活泼的要爱，文静踏实的要爱，内向拘谨的更要爱；金凤凰要爱，丑小鸭同样也要爱。再次，我尊重、理解、信任学生。尊重学生的人格，理解学生的要求和想法，理解他们的幼稚和天真；信任他们的潜在能力，放手让学生在实践中锻炼，在磨炼中成长。最后，严格要求学生，对学生不娇惯、不溺爱。对其缺点错误，不纵容、不姑息、不放任。要学以致用，做好本职工作，作为一个有事业心和责任心的教师，不仅要教特殊学生如何去学习、学好习，而且要教他们怎样去做人、做好人。陶行知先生说过："千教万教，教人求真，千学万学，学做真人。"这几句话寓意深刻，高度概括了教育的真谛，教书无疑是教师的职责，育人却是教师的天职。我们教师应围绕学校的《纲要》确立切实可行的教育的内容，这样才更有利于学生品质的培养。如"萌发学生爱祖国、爱家乡、爱集体、爱科学的情感，培养诚实、自信、好问、友爱、勇敢、爱护公物、克服困难、讲礼貌、守纪律的良好品德行为和习惯，以及活泼、开朗的性格"，这是培养学生的总目标。教师本身的品质是养成学生品格的重要因素，身教重于言教，做好本职工作。作为一个六年级的数学教师，我有责任引领他们走进知识的殿堂，学到更多的知识；我有责任引领他们张开理想的风帆，驶向梦中的彼岸；我有责任引领他们插上智慧的翅膀，翱翔在无尽的天空。在我的爱心教育下，学生的素质正在提高。

在教育教学过程中，我不断丰富自身学识，努力提高自身能力、业务水平，严格执行师德规范，有高度的事业心、责任心、爱岗敬业。坚持"一切为了学生，为了学生的一切"，树立正确的人才观，重视对每个学生的全面素质和良好个性的培养，不用学习成绩作为唯一标准来衡量学生，与每一个学生建立平等、和谐、融洽、相互尊重的关系，关心每一个学生，尊重每一个学生的人格，努力发现和开发每一个学生的潜在优秀品质，坚持做到不体罚或变相体罚学生。实施因材施教，以适应全体学生，又要照顾个别差异进行有区别的教育教学，使每个不同发展水平和个性特长的聋生都能在各自的基础上扬长避短，获得最佳发展。为聋生个性特长的发展创造宽松、和谐的环境。个性特长在于教育教学要从聋生的实际出发，有的放矢，针对不同学生的特点，实施不同的教育，听觉是获取外界信息的重要手段，特殊教育工作者要根据聋生的实际，对聋生提出切合实际的要求。只有从聋生的实际出发，根据聋生的年龄、特征、智力水平、个性差异、听力损失程度及具体特点，定出不同的标准，施与最适合他的教育，使每个聋生在各自的基础上得到健康发展。正确处理教师与学生家长的关系，在与家长联系上相互探究如何使学生发展的方法、措施，赢得了广大学生家长的普遍赞许。在教育教学过程中，利用学科特点加强对学生的思想教育，提高他们的思想政治素质，激发他们的学习积极性，努力提高教育教学质量。

总之，作为一名特殊教育教师，不仅仅应有一定的文化专业知识与技能，更要有一颗纯洁的爱心和敢于担当、不怕困难的责任感，这也是教师最基本的素质。对于刚入学的孩子，为了让他们能尽快消除对自己亲人的依恋而产生的分离焦虑，尽快适应学校环境，我特别注意观察孩子们的情绪变化和各种需要，在生活上给予无微不至的照顾和关怀。而师生关系不同于亲子关系，没有天然的血缘关系，教师只有付出真诚的爱，才能与孩子心灵相通。所以我每天都高高兴兴地、面带微笑地接待每一个孩子，热情主动地与家长和孩子打招呼，蹲下身来摸摸孩子的头，亲亲、抱抱他们。我就这样在三尺讲台上心甘情愿地用爱心和微笑及责任心来展现教师的人格魅力，争做"四有"教师。师德要从小事做起，从我做起，只有不断学习，努力探索，才能外树形象，内强素质，在深化教育改革的今天才能不会落伍。我决心今后更加努力学习，用现代教育思想武装自己，更加深入细致地做好学生的思想工作，以自己的人生魅力去影响感化每一位学生，让学生在宽松愉快的环境中接受良好的教育。一句话"注重自我学习、自我修炼、自我约束、自我调控，做到老，学到老"。

第七节　总结与展示

盲校职业教育的研究报告

梅州市特殊教育学校　朱艳光

一、确立课题

2006年秋，梅州市特殊教育学校申报"在盲聋哑学校开展职业教育的理论与实践研究"的省级课题，其中盲教学部坚持"以按摩专业为导向，积极创建盲孩子的未来"的职业教育办学方针，重视学生理论与实践能力相结合的职业技能的培养模式，积极实践"让每一位走进校园的盲孩子，都能回归主流社会"的教育理念。

二、盲人按摩职业教育发展的必要性和可行性

目前盲人就业的形势仍然十分严峻。除自身素质差是重要因素外，必须加强盲校的职业技术教育，适应社会的需要，才能切实解决目前盲人就业难的问题。按摩职业仍将是绝大多数盲人的首选职业。

三、实践研究的过程

从2006年6月开题论证梅州市特殊教育学校盲人按摩职业的研究，研究对

象为04级、05级盲人按摩专业（医疗按摩）职业班，共计18人。

1. 转变人们头脑中旧的观念，包括社会、学生和家长的观念

首先，树立盲生的学习自信心及学习兴趣，如介绍人物事迹，特别是具有相同命运的盲人事迹。其次，向盲生灌输职业教育的意识，盲人只有具备一技之长方能自食其力，立足社会。再次，确定盲人自己从事的职业——按摩专业。

2. 重视文化基础知识的传授

重视基础学科知识的教学，打好文化基础知识，为以后学习按摩专业知识树立自信心。同时，招收部分后天失明的学生及有志于按摩专业的弱视和低视学生。

3. 基础设施的建设

（1）开设盲人图书阅览室和建成实训基地

添置盲人图书800多册，有声读物1000多盘等配套完整的盲文读物。2007年建成盲人按摩实训基地。

（2）配置按摩专业教室

购置人体解剖分解模型、人体骨架模型、人体十四经络循行路线和针灸穴位的电子模型、经络语音、按摩床等设备。

4. 授课形式

授课采用面授与实操相结合的形式。学员们在课堂上学习理论知识，课余则安排在实训基地见习临床保健与治疗。此外，课程结束后，还专门为学员安排一至三个月的临床实习时间，使他们可以将所学的知识巩固和消化，熟练和提高按摩手法。

5. 课程安排

医疗按摩班开设的十二门主要课程有："实用正常人体学""经络腧穴学""按摩学基础""保健按摩学""按摩师职业修养""心理咨询基础"等；其他选用基础课教材有语文、政治、体育、音乐、计算机、英语等。

保健按摩班开设的主要课程有：由劳动和社会保障部、中国就业培训技术指导中心组织编写的《保健按摩师（基础知识）》和《保健按摩师》（初级中级高级技师技能）及盲文基础知识等。

医疗按摩学习班教学时间安排实行周五制；保健按摩学习班教学时间安排实行周六制。

6. 重视和培养学生的职业道德和服务意识

学习期间，我们十分注重培养学员的职业道德教育和服务意识教育，让他们树立"身残志坚、自立、自强、自尊、自信"的精神，实现"平等参与、发展自我、奉献社会"的愿望；灌输"全心全意为人们服务"的崇高理想。

四、研究成果及其社会效益实验

从表3-7-1、表3-7-2、表3-7-3可看出，梅州市特殊教育学校毕业生已开设按摩诊所有15所，除个别因自身身体情况外，实现了全部就业，这说明盲人按摩事业大有可为。

从表3-7-1可看出，梅州市特殊教育学校毕业生在本地区从事盲人按摩职业大有发展前途，随着广东省政府产业转移园的落实，梅州市经济的快速发展和流动人口的增加，以及人们头脑中固有观念的转变，特别是人们对按摩作用认识的提高，盲人专业按摩师人才需求量急增，梅州市特殊教育学校的按摩职业教育迎来了一次难得的发展机遇。

梅州市特殊教育学校毕业生在本地开设诊所数及就业情况如表3-7-1所示：

表3-7-1

区域	梅江区	梅县	兴宁	大埔	五华	平远	广东省
诊所数（个）	2	2	2	2	1	1	5
就业人数（人）	3	3	5	2	1	1	29

梅州市特殊教育学校毕业生就业、从业分布情况如表3-7-2所示：

表3-7-2

毕业生人数	就业	从业	其他	从业地区分布			备注
				梅州市	广东省	其他	其他2人从事
49人	47人	45人	2人	17人	29人	1人	相命

梅州市特殊教育学校毕业生开设诊所数及就业分布情况如表3-7-3所示：

表3-7-3

区域	梅州	汕头	揭阳	潮州	深圳	江门	中山	广州	韶关	北京
诊所数（个）	10			1	1			3		
就业人数（人）	17	1	1	1	2	1	3	20	2	1

梅州市特殊教育学校从1994年秋季开设盲人按摩专业职业教育，迄今为止，已毕业六届共计49名学生，或到广东省盲人按摩中等专业技术学校继续学习深造，或参加了按摩理论与手法的考试，并取得了按摩资格证书和毕业证书。

五、几点问题的思考

（1）政府机构应多方位为盲人着想，尽可能给予关怀和支持。"两证"的取得、税收的优惠政策、就业政策的优惠、为盲人提供法律援助等方面提供便利，毕竟盲人是弱势群体中的弱势者。

（2）盲人从业者应加强自身的职业素质和职业道德修养。

由于历史的原因，造成从事按摩职业的盲人自身素质和职业道德水平良莠不齐，给外界带来一定的负面影响，造成社会人士对盲人按摩职业的误解，影响到盲人的就业。

（3）作为从业的主体，应加强联系，形成规模效应，创"名牌"，做强做大。

参考文献

[1]沈家英，陈云英，彭霞光.视觉障碍儿童的心理与教育［M］.北

京：华夏出版社，1993.

［2］教育部教育年鉴编纂委员会.第二次中国教育年鉴［M］.北京：商务印书馆，1948.

"信息化教育技术在梅州市特殊教育学校语文教学中的运用"调研报告

梅州市特殊教育学校 曾苑

调查主题：梅州市各县（区）特殊教育学校中信息技术在语文教学中的运用

课题组成员：姚生平、杨剑平、陈泓如、潘娌兰、廖玉婷

主 持 人：曾苑

调研时间：2017年10月至2018年5月

调研地点：梅县区特殊教育学校、兴宁市特殊教育学校、平远县特殊教育学校

一、调研目的

随着信息技术的高速发展，全国各地特殊教育学校都普遍推广信息技术教育，利用信息技术教学手段打破时空界限，调动图、文、声、像等多种功能，弥补残疾学生听力、视力、智力缺陷，带给特殊教育语文课堂全新感受。近年来，以梅州市特殊教育学校为"领头羊"，梅州市各县（区）特殊教育学校都在现代技术设备上投入了大量的成本，如建设校园网络系统、多媒体教室系统、语言康复室、录播室、视障生计算机室等现代化特殊教学设

施。但是，很多特殊教育工作者在如何应用现代教育技术，更新语文教育观念，创新语文课堂模式，运用教育技术理念、方法来分析和处理语文教学中的一些问题方面还有待进一步的提高。

实现教育手段在特殊教育语文教学上的现代化，是特教领域的一项重大改革。要使这一重大改革快速稳步地推进，就必须不断地运用科学的教育教学理论对其进行分析研究，探索其发展规律。为此，本课题组以各市县（区）特殊教育学校为研究对象，通过实地考察、组织教研交流会等方式，对信息化教育技术在特殊教育学校语文教学中的运用现状进行了调查与分析，找出存在的问题及解决对策。

二、研究对象与方法

2017年10月至2018年5月间，本课题组先后前往梅县区特殊教育学校、兴宁市特殊教育学校、平远县特殊教育学校，实地考察调研信息化技术在上述学校语文教学中的运用。采用的研究方法有：①访谈法。通过与三所特校的校长、教导主任、语文任课教师及部分学生的访谈、交流，比较客观全面地了解现代信息技术在特殊教育语文教学中的应用现状及存在问题。②观察法。旁听三所学校各类语文公开课，深入了解信息技术在听障、视障、智障三类不同残疾类别中语文教学中的应用，细化研究对象，综合分析多样化信息环境对特殊学校生活语文的助益。

三、研究内容：三所特殊教育学校硬件的建设情况

李克东教授在《知识经济与现代教育技术的发展》一文中提到信息化教育技术应用包含多种教学环境与资源的应用，通常包括适合于课堂多媒体组合教学方式的多媒体综合教室、适合于个别化学习的电子阅览室、适合于协作学习的多媒体资源库教室以及基于因特网的远程教育系统等。对于特殊教育学校而言，要满足特殊教育发展的新需求，达到各级特校的培养目标、有效实现教学目标，硬件资源的建设是其中的先决条件。

据调查，梅县区特殊教育学校于2017年9月开始使用电子白板，全校推行"无黑板化"教学，班班实现一体化。兴宁市特殊教育学校在原有实物投影仪基础上，针对本校智障类孩子的认知特点，加大现代化教学设备投资，引入"希沃"一体机，应用于日常教学的各个方面。平远县特殊教育学校引进多名高学历专业人才，熟练运用信息化技术，掌握"希沃"一体机设备，有效利用软件"班级优化大师"，全面提高智障类儿童的日常生活能力和人际交往能力。

四、调查结果

1. 特殊教育专任教师对信息技术的认知水平较高

在接受调查访谈的任课教师中，九成以上教师认为运用现代教育理念和多媒体信息技术，能实现语文教学优化的理论与实践；其余教师认为"信息化技术"是指运用多媒体进行教学或者运用现代教育理念进行教学。结果显示，除了极个别教师，绝大多数教师能够正确理解"信息化教育技术"的概念，有意识地提高自己的实际运用能力，在该技术指导下在语文课堂中的个别化教学、协作教学、探究发现式教学等教学模式下加以使用。

2. 教师信息化技术的应用能力参差不齐

根据观察访谈调研显示，在现代信息技术设备的操作、教学软件的制作、信息技术与课程的整合、根据教学效果来调整教学软件、根据教学需要选择使用媒体和教学软件方面，教师因年龄、学历因素呈现不同能力表现：年轻、高学历教师比较乐于主动探究使用教学媒体，年纪较大的教师，因身体条件和认知观念局限，认为生活化语文教学主要是带残疾儿童感知实际生活，不需要常常借助信息技术的应用，该类教师更多以"口口相传"或"手口相传"的方式进行教学。

此外，学校领导的重视程度、教学设备的更新力度、教学资源的有效利用以及教学观念的转变都极大影响着信息技术在特殊教育学校语文教学中的应用。

五、存在的问题

通过对上述调查结果的分析，可以把信息技术在特殊学校语文课堂中的应用在梅州市各县（区）出现的问题简要归纳为以下几点：

（1）多媒体技术在语文教学中出现"辅教不辅学"现象，教师盲目追求教学表现形式。诚然，内容新颖、形式多样的教学设计更符合听障、智障学生的认知规律和身心发展特点，但针对教学来讲，知识和技能的发展才是一节课的出发点和落脚点。明确教学目标和教学重难点，掌握教材特点和学生认知水平，把信息技术真正转化为学生学习的帮手，帮助残障学生在生活化的情境中学习语文、运用语言。

（2）教师的信息化技术应用能力有待提高，部分教师运用多媒体技术时受到年龄、观念、对设备的操作能力和教学软件制作能力的限制。

（3）大部分教师没有真正理解、认知信息技术观念，没有真正把现代教育理论应用到语文教学实践当中，仍然以"教师为中心"的"填鸭式""满堂灌"模式为主，只是单纯地把多媒体引入了教学当中。

（4）信息技术硬件设备的更新、维护不够周全，许多特殊教育现代化教学辅助、治疗设备无"用武之地"，设备维护人员没有加强对硬件设备的检测导致教学活动不能正常进行。

六、解决对策

1. 明确信息化教学设备的应用目的

强调现代化教育技术的应用在于优化教学效果，提高教学质量，不要生硬地把多媒体搬到课堂中作为语文教学中的主角，用大容量的信息课件代替学生思考。任课教师应该总结多媒体在每一次语文教学中的作用，学会借助工具评价教学效果，不断改进，真正达到"辅教辅学"的作用。

2. 进一步加强任课教师信息化技术教育理论和技术技能的培训

通过培训，在理论方面，使不同年龄、职称、学历水平的教师具备教育技术的理论基础，树立正确的信息教育技术价值观和应用观；在实际应用方面，让全体教师学会正确娴熟地使用现代技术，将各种学习资源整合起来，针对不同类别的残障学生创设优化学习环境，提高教学质量。

3. 架构互相交流的实战平台，搭建定期反馈的学习小组

在各县（区）特殊学校创建推进"一体化"课堂教学中，梅州市特殊教育学校率先开发创建教学网络资源库，号召各科任课教师积极搜集、整合、分享自己的教学资源，丰富了教育资源的供给方式，体现了技术教育的开放性、共享性、服务性和公益性。在课题组研究过程和结题后，课题小组要定期安排各种观摩课、汇报课、实践活动课等，以市特校为中心，把学习研究成果辐射、惠及各县（区）特校，形成固定跟进、反馈机制，为各兄弟学校的信息技术实施提出建议，积极解决其在理论及技术等方面的问题，并完善相关政策支持，提供咨询服务，使信息技术在全市各特殊教育学校语文教学中齐头并进、共享共赢。

2017年10月至2018年5月，半年多来通过多次深入各县（区）特殊教育学校进行实地调研，课题组成员对信息技术在特殊教育学校语文教学中的实施情况有了全面深入的了解。课题组将在分析该技术实施现状的基础上提出改进建议，并形成固定交流合作小组，跟踪发展调查。一系列调研使课题组成员的科研能力、合作能力和交流能力有了很大的提升，对研究信息化教育技术在特殊教育学校语文课堂中的正确使用有了更明确的方向。

教育教学研究成果进行汇总与展示

梅州市特殊教育学校　洪向兵

一年来，在各位领导和老师的热心支持和帮助下，我认真做好教学工作和班主任工作，积极完成学校布置的各项任务。下面我把年度的工作做简要的汇报总结。

一、师德表现

平时积极参加全校教职工大会，认真学习学校下达的上级文件，关心国内外大事，注重政治理论的学习。配合组里搞好教研活动。每周按时参加升旗仪式，从不缺勤。服从安排，人际关系融洽，本学年度全勤。

二、取得的成绩与经验

（1）坚持常规备课不放松。按学期初的工作计划，对常规教学督促并针对课改计划及内容课时调整，使美术教学落到实处。

（2）以活动促教学。根据学期初的教研活动安排及教导处的安排，组织学生参加2021—2022年市中小学生艺术节获得人数达人，获奖质量和人数均居重点学校之首。自己也被教育局评为最佳指导老师。希望今后继续努力，在教学教研方面加大研究的力度，有更大的突破，勇创佳绩。

（3）完成高中美术学业水平测试补考工作；2022年4—6月美术专业招生考试，今年的高三美术专业考试：参加联考的10名学生中，200分以上达到6人，225分以上达到2人，在外省专业考试中，王铭均取得长春大学全国前30

名的好成绩，广州大学等专业好成绩。当然，在高三的教学研究中还存在着一些问题，如怎样协调好专业与文化成绩等，还有待在今后的教学中不断深入。总之，抱着对学生负责的态度我将努力做好我的本职工作。在高二学生完成学业水平测试之后，对他们进行了专业课集训，取得了显著的成绩。

（4）提高认识，加强自学。要搞好教学，首先自身要有较高的专业技术水平，因此，必须加强自学，在教学过程中不断向相关学科老师虚心学习，不断提高自己的业务知识水平。

（5）综合开发课程资源。联合全校师生，办好学校的各类宣传，美化校园环境，营造出浓厚的艺术氛围。能根据学校自身的特点进行教学。

三、采取的方法和措施

（1）按照教导处的要求，结合本学科特点安排并组织与相关教师进行教学研讨活动。

（2）通过听汇报课和教学研讨，进行经验交流和信息交流，促进新教师的全面成长。

（3）充分利用美术教室现有设备和自制教具进行教学，加强示范。

（4）通过参加各类美术活动，激发学生的艺术创作兴趣。

（5）定期组织美术兴趣小组活动，培养和发展学生特长。

四、班主任工作情况

本学年我担任班主任工作，在教学中常常对学生进行思想引导，除了维持好正常的教学秩序，保证同学良好的学习环境外，更应该关注每一个学生的思想状况，全面了解学生情况。我平时非常注重与学生的交流，通过与学生谈心、家访等各种方式，排除学生思想上的顾虑，解决他们的实际困难，以利于他们的学习和生活。现在班级情况稳定学习气氛浓厚，同学互帮互助，在各项活动中表现突出。

五、今后的努力方向

今后我们将继续以"三个面向"为指针，全面实施素质教育，通过规范的教学活动和丰富的教研活动，提高教师的专业素质和教学水平，培养学生发现美、欣赏美和创造美的能力，促使他们在德、智、体、美、劳诸方面全面发展，同时营造出浓厚的文化艺术氛围，使美术教学成为梅州市特殊教育学校独具特色的学科之一。